전국불효자랑

기획자의 말

어려서부터 부대끼던 단어들이 있었습니다. 모성애, 든든한 아빠, 끈끈한 가족, 내리사랑 같은 것들. 가만 보면 쟤네 집도 엉망이고 얘네 집도 난장판인데 왜 다들 '그래도'인지 의아했습니다. 그래도 엄마니까, 그래도 아빠니까, 그래도 가족이니까.

    살면서 우리는 아마 각자의 지옥에서 합리화할 수밖에 없었을 것입니다. '이만하면'이라는 주문을 외우면서 말입니다. 그렇게라도 주문을 외우지 않으면 자고 일어나 하루를 시작할 수 없었을 테니까요. 그 때문인지 덕분인지 매일을 보태어 우리는 여기까지 자랐습니다.

자라는 동안 수많은 '그래도'와 '이만하면'에 배반당해온 작가 열세 명이 이 책에 모였습니다. 세상이 강요하는 효도를 거부하면 늘 불효녀와 불효자 등 지긋지긋한 성별 이분법으로 호명당했습니다. 이 단어를 우리는 '불효꾼'으로 바꿔 부르려 합니다. '꾼'은 어떤 일을 전문적으로 하거나 잘하거나 즐기는 사람에게 붙이는 접미사입니다. 그런 의미에서 불효꾼이라는 단어에 담긴 뜻은 굳이 풀어쓰지 않아도 쉽게 이해하시리라 믿습니다.

세간의 말에 자꾸만 미끄러지던 불효꾼들이 작은 축제를 엽니다. 착취, 폭력, 도청, 방임, 차별 등으로 가정이 곧 가시밭 같았던 우리는 이 축제에서 기지개를 켜고 자신의 목격과 경험을 부르짖습니다. 이곳은 온통 시끄럽고 뜨겁습니다. 이 사람들의 가족과 가정은 당신의 것과 매우 흡사할 것입니다. 또는 매우 다를 수도 있고요. 그러나 분명한 것은 이 모두가 각자의 진실이라는 것입니다. 당신과 같다면 함께 목 놓아 울어도 괜찮겠습니다. 다르다면 있는 대로 바라봐주세요.

불효꾼들이 어떤 불효를 구체적으로 행했는가 살피는 일은 크게 중요하지 않을 것 같습니다. 이미 『전국불효자랑』 집필에 참여했다는 것만으로도 불효를 행했다며 각자의 가정에서 손가락질할 테니까요. 예로부터 가정사를 바깥에 허락 없이 발설하는 행위를 큰 불효 중 하나로 여기는 한국 아니겠습니까. 그러나 한편으론 모든 일을 겪고 찾은 배설 혹은 복수의 방식이 글쓰기라면, 그 또한 나름의 효도 아니겠어요?

그러니 결국 우리는 완벽한 불효에는 실패한 사람들일 것입니다. 아니 실은, 누구보다도 완벽한 효도를 해보고 싶었던 사람들일 테지요. 가족과 가정이 조금만 더 나았다면, 아니 세상이 완벽한 형태를 강요하지 않았더라면, 효도라는 개념이 애초에 없었다면 오히려 이 책이 만들어지는 일은 없었을 겁니다.

하지만 뭐, 어쩌겠어요? 세상은 그리 호락호락하지 않고 우리는 더 만만치 않습니다. 불효하기 어디 쉬운 세상이어야 말이지요.

그 어려운 걸 열세 명의 불효꾼이 해냅니다. 대단히 대담한 이들의 자기고백을 당신께 보냅니다.

용기와 사랑 그리고 분노를 담아.

『전국불효자랑』 기획자
진서하, 희석

목차

친절한 소설가 계피 씨의 불효 ··· 김계피　　　13

나를 놓은 엄마에게 ··· 연옥　　　31

패밀리 어페어 ··· 진서하　　　51

죽어서도 외로우소서 ··· 희석　　　73

열무 꽃 필 무렵 ··· 최열무　　　91

명복 ··· 신유보　　　109

그래서 나는 당신을 모르고 싶어요 … 백범　　　129

반려 게이 탈출기 … 김성호　　　141

딸이라는 불치병 … 민정　　　159

여자를 사랑한 딸이 있었네 … 단　　　175

엄마 뒷담화 대장정 … 원효서　　　193

효가 아니면 또 어떤가 … 백소현　　　215

불효가 약이다 … 주리　　　233

김계피

소설을 씁니다. 「행운의 소설」, 「슈퍼스타 퍼니캣」 등을 발표했고 「불안한 밤의 소네트」로 대산문학상 본선에 올랐음에도 호명받지 못하고 있어 소설들에게 늘 미안해하는 타입의 작가. 저는 사람보다 작품이 기억에 남기를 바라 첫 책을 큰 출판사에서 내는 것이 꿈입니다만 세상은 이해하기 힘들다고 생각하는 중입니다. 우울한 날에는 고양이를 쓰다듬고 휘도와 이야기하며 식물에 물을 줍니다.

친절한 소설가 계피 씨의 불효

고백하자면 주목 받는 건 별로 좋아하지 않습니다. 사람들에게 김계피라는 존재는 잊혀도 좋다고 생각합니다.

"그 소설, 그건 좀 기괴했어."

이런 식으로 글만 기억됐으면 합니다.

구석에 앉아 사람들을 관찰하고 구경하다가 재미있는 일이 생기면 눈을 반짝이며 잠시 기웃거리다가 집에 갈 시간이 되면 집에 가버리는 것이 제가 타고난 기질입니다만. 어째서인지 요즘에는 이 기질이라는 것이 고장 나 버린 것 같다고 생각합니다.

저는 어째서 고장이 나버리고 만 것일까요?

스스로에게 물어도 답이 나오지 않아 상담 선생님께 물었습니다.

"가정폭력으로 인한 트라우마인 거 같습니다."

정신병원을 그렇게 오래 다녔음에도 미처 알지 못했던 걸 새롭게 알게 되었습니다. 가정폭력으로 인한 외상 후 스트레스성 장애, 그것이 제가 새롭게 받은 병명이자 어쩌면 평생을 저와 함께 살아가야 할 또 다른 병명입니다.

닭이 먼저인가, 달걀이 먼저인가.

이 어리석은 질문을 끊임없이 할 수 있는 것이야말로 인간의 특권이라고 생각합니다. 부모가 내게 가정폭력을 저지른 것이 닭인가, 그런 부모를 성인이 되어 서른 살 초반에 고소를 하는 게 달걀인가. 무엇이 먼저이고 숭고하며 더 아름다운 이치인지에 대해서 아무리 고민해도 불필요한 죄책감이 지옥으로 향하는 롤러코스터를 타고 이미 출발하여 고점을 여러 차례 찍고 있는 것입니다.

아아, 그렇습니다. 저는 부모님을 형사고발하고 민사고소하였습니다.

가정폭력 강요와 폭행, 특수폭행, 아동폭행 등의 혐의로 말입니다.

부와 모, 둘 다 고소했습니다.

이유요? 간단합니다.

부모님이 올바른 인간이 되길 바라는 마음입니다.

처음에는 형사 판결이 아닌 가정 법원으로 송치시켜 정신과 진료를 받게 하려고 했습니다. 그러자 저의 부모라는 인간들이 1960년생, 1966년생임에도 불구하고 내일모레 죽을 백발의 노파보다도 더욱더 노파처럼 굴고 있답니다.

"네가 어른이라면 잘 생각해. 엄마, 아빠 늙었어. 곧 죽어."
지난해 10월의 발언입니다.

이런 그들이 바라지 마지않는 마지막 안식 앞에서는, 부디 그리도 원하는 안식을 찾을 수 있길 바라여, 저는 씁니다. 저는 모태신앙입니다. 아마도 이 글을 다 읽으실 때쯤 여러분은 제가 모태신앙이라는 점에 배덕감을 느끼실지도 모르겠습니다. 뭐, 괜찮아요. 인생이라는 것은 늘 배신과 배덕감 사이에서 균형을 잡으며 나아가는 것이니까요.

저는 그들이 그들의 종교 앞에서, 그들의 신 앞에서 구원을 찾을 때 잘못을 솔직히 고백하고 천국에 갔으면 하는 마음입니다.

이것이 어떻게 원수 같은 인간들을 대하는 마음이냐고요?
글쎄요, 스톡홀름 증후군인가 보죠.
이런 마음쯤은 가볍게 넘어갑시다.

저에게는 인간의 법과 하늘의 법, 두 가지 법에서 그 인간들을 구원해주고 싶습니다. 이에 인간의 법으로써 가정폭력 고소를, 하늘의 법으로써 그들이 스스로 구원을 찾기를 바라고 있습니다.

그렇습니다. 안타깝게도 이것은 저의 불효만이 아니라 효도이기도 합니다.

여러분은 가정폭력이라고 하면 무엇을 떠올리십니까? 어린아이가 맞거나 굶는 것? 아니면 둘 다를 떠올리시나요? 정서적인 방임과 학대도 포함된다고 생각하셨다면 네, 그것도 맞습니다. 제가 어떤 종류의 가정폭력을 겪었느냐고요?

저는 모든 것을 겪었다고 하겠습니다. 간략히 설명해 드리자면 열세 살 때부터(그 이전의 이야기는 '지금은' 생략하겠습니다) 눈에 띄게 시작된 가정폭력으로 저는 본격적인 K-장녀의 길을 걸었습니다. 맞고 불어 터진 손으로 온수가 끊긴 집에서 냉수로 설거지했습니다. 주말에는 평일 내내 아버지가 마신 소주병을 팔아 모은 돈으로 라면을 사 가족들이 〈서프라이즈〉를 보는 사이 라면을 끓였습니다. 저도 〈서프라이즈〉를 보고 싶었지만 라면 물을 올리고 잠시 볼 뿐, 그 이상은 라면을 다 끓여야 볼 수 있었습니다.

성인이 되면 나아질 줄 알았습니다만 강요로 인한 경제적인 착취가 이어졌습니다. 뭐, 이건 법률상의 용어죠. 협박이었고 갈취였습니다. 칼만 안 들었지 날강도들이었습니다. 제가 돈을 대출해서라도 빌려주지 않거나 신용카드를 만들어주지 않으면 죽겠다거나 집안이 망한다거나 하는 이야기였습니다. 그렇게 제 신용도는 나락을 갔고 이 부분에 대해서 어른스럽게 '상의'를 하자 부모는 '키워준 은혜'를 운운하며 저를 나쁜 아이로 만들었습니다.

사실 이 순간까지도 제 잘못인 줄 알았습니다.

내가 정말로 부모가 말하는 것처럼 나쁜 아이라서, 유별나고 못된 아이라서 부모를 힘들게 하는 아이인 줄 알고 스스로를 원망했습니다. 하지만 연락을 끊고 그들의 빚을 떠안게 되고 모든 것을 겪고 진실을 알게 되며 저는 깨달았습니다.

아아, 회개가 필요한 것은 내가 아니라 저들이고, 그렇다면 저들에게 입은 피해를 복구하는 것은 두 번째의 문제다.

첫 번째의 문제는 내 동생들이 나와 같은 고통을 겪지 않게 저들에게 이 모든 것이 폭력이라는 것을 알리는 문제다.

하여, 고소하였습니다.

이전에 즐겨 본 드라마 중 〈굿 플레이스〉라는 드라마가 있습니다. 착한 일을 하는 사람들은 천국에 가고 나쁜 일을 한 사람들은 지옥에 간다는, 신이 인간에게 한 이 약속을 바탕으로 아이러니한 드라마를 만들었습니다. 이야기의 요지는 다음과 같습니다.

인간 세상은 구약 성경이 탄생했을 때보다 복잡하고 고도로 발달하여 선행을 하였더라도 그것이 언제나 선행이 아니며 악행도 마찬가지다. 무엇을 어떻게 선행으로 볼 것인가의 기준이 모호하다.

저의 불효도 마찬가지입니다.

언제나 어디서나 하는 이야기라 저를 아는 분들은 지루하실 수 있겠으나 저는 안티고네를 참 좋아합니다. 안티고네가 시신을 수습하면 본인도 마찬가지로 죽을 수 있는 상황에서도 '지상의 법이 아닌 하늘의 법에 부끄럽지 않게' 행동하고 말하는 모습은 저에게 큰 울림과 감명을 주었습니다.

부모를 고소했다, 라는 문장만 놓고 보면 저의 상황이 어떠하든 간에 천륜을 져 버리는 일일 겁니다. 실제로 고소장을 접수할 때 백발을 한 '반장'이라는 분이 제게 다가와 "공소시효도 지났는데 왜 부모를 못 잡아먹어서 안달이냐?"며 핀잔을 주었습니다. 고소장을 읽어가며 제 이야기를 듣고 계시던 담당 형사님의 얼굴이 당황해서 붉어지실 정도로 그 의도와 악의는 노골적이었죠.

한국의 장녀라는 자, 고작 이 정도 시련도 예상하지 못했다면 K-장녀라는 타이틀을 얻기에 부족하죠! 하여 저는 눈의 안광을 죽이고 조금 먼 곳을 보면서 눈물을 글썽거리며 다음과 같이 답했습니다.

"저는 부모님이 벌받는 걸 바라지 않아요… 부모님은 어찌 되었든 키워 주셨잖아요? 저는 부모님이 치료가 필요하다고 생각해요. 저 동생도 두 명 있어요. 막내는 저보다 열 살이 어려요. 걔한테도 저한테 한 것처럼 똑같이 하면 안 된다고 생각해요. 그래서 하는 거예요. 저만 생각하면 안 하죠. 동생들을 생각해서, 그래서…."

준비한 대사가 떨어져 흐느끼며 숨을 삼키자 백발의 반장이 박수를 쳤습니다. "기특하네, 효녀야. 잘해 줘"라고 말하며 자리를 떠나셨습니다.

네, 혹시 몰라 준비해 간 멘트였습니다. 담당 형사님이 당황하셨지만 뭐, 이 모든 건 녹화되고 있습니다. 저는 계속 슬픔을 연기하며 형사님과 이야기를 이어갔습니다. 아, 울먹인 거요? 부모님에게 이유 없이 맞아 억울했던 모든 날과 고양이가 아파서 수술했을 때의 모습을 떠올리니 가능하더라고요. 사실 부모님에게 맞아 억울했던 것보다 고양이가 아파서 수술했던, 그 초췌한 모습이 제가 울먹이는 데 큰 역할이 됐다면 재미있는 농담이 되려나요?

친족상도례는 언제 즈음 폐지될까요? 죄지은 부모가 다 없어지는 날?

고소장을 접수한 이후에 한국여성의전화에서 등초본 열람 제한 외에도 '가족관계증명서 열람 제한'을 신청할 수 있다고 알려주어서 저는 이를 신청할 준비를 했습니다. 여성긴급전화1366에 방문하여 상담을 받고 서류를 받고 구청에 방문하였습니다. 아, 혹시 가정폭력의 상황에서 여성긴급전화에 방문하여 등초본 열람 제한을 신청하실 분들은 한 번에 가족관계증명서 열람 제한도 신청해 주세요. 두 번 가면 귀찮잖아요, 고작 그런 놈들 때문에.

아무튼 구청에 가서 가족관계증명서 열람제한을 신청하고 잘 적용됐는지 부모의 이름으로 가족관계증명서를 발급받아 보았습니다. 그러다 문득 '살면서 부친 이름으로 가족관계증명서 상세 사항을 떼어 본 적이 없네?'라는 생각이 들어 발급해 봤답니다.

아, 지독도 하여라. 사람이 한 가지 잘못만 하지 않는다고 하잖아요? 저는 인쇄되어 나온 가족관계증명서를 보고서는 그만 할 말을 잃고 말았습니다.

구분	성 명	출생연월일	성별
자녀	김장남	1985년 ■	남
자녀	김차남	1991년 ■	남
자녀	김계피	1992년 04월 24일	여
자녀	김여동	1995년 ■	여
자녀	김남동	2002년 ■	남

※김계피 본인 외에는 모두 가명입니다.

친절한 소설가 계피 씨의 불효

1992년 벚꽃이 무성하던 4월에 태어난 김계피는 평생을 자신이 장녀인 줄 알고 살았습니다만 위로 두 명의 오빠가 더 있는 것이었습니다. 무엇인가 잘못된 것이 아닐까, 라는 희미한 희망으로 가족관계증명서 발급 화면의 이것저것을 확인했습니다.

  정신없이 화면을 뒤져보니 결혼확인증명서라는 것도 있었습니다. 상세 증명이라는 것을 누르고 보니 아, 신이시여. 왜 저에게 이런 시련을 주시나요? 어쩌면 제가 신인가요? 너무 많은 고통을 감내하다가 보면 가끔 이런 비정상적인 착각이 들기도 합니다.

  아아, 신이시여. 다만 악에 시험들게 하지 마옵소서.

  하오나 인간은 어찌하여 이리 더럽고 추악한 걸까요?

  6년간 모친을 쫓아다녔다던 부친은 그전부터 유부남이었던 것입니다. 여기서 모든 것이 무너졌습니다. 모친이 그동안 저와 동생들에게 해줬던 이야기들 말입니다.

  가령 모친은 부친과 결혼하기 전에 유산했다고 한 말, 이 말은 너무 더럽게 느껴졌습니다. 결혼을 교회에서 할 수밖에 없었고 혼전 임신으로 본인 김계피를 임신하는 바람에 조용히 해서 당시 부친이 나중에 리마인드 웨딩을 해주기로 한 것. 하여 실제로 계피가 초등학생일 때 두 사람이 리마인드 웨딩을 하는 걸 보고 사랑은 로맨틱한 것이구나, 생각했던 저의 어리

석고 썩어 빠진 두뇌가 절망스러웠습니다.

아아, 이뿐일까요? 친가 친척들이 우리 가족을 시기하고 질투한다는 헛소리, 연애 과정 중에 부친의 친구들이 모친에게 수작질을 걸었다는 헛소리, 길거리에서 네 아빠를 유부남으로 착각한 깡패들과 시비가 붙었다던 헛소리. 모든 것이 모친의 입장에서 조작되고 편집된 헛소리였습니다.

그리고 깨달았습니다. 이 가족의 불행의 출발은 나였구나, 내가 태어나버린 게 화근이구나.

저는 탄생과 동시에 두 여성의 삶을 비참하게 망가트린 것입니다. 그리고 아, 저 저주스러운 탄생 연도를 보세요. 김차남은 1991년생입니다. 김계피는 1992년생입니다. 더럽고 추악한 부친은 두 여자를 동시에 만나고 있었던 겁니다.

부친이 두 여자를 오가는 그 와중에 모친은 유산을 겪은 후 김계피가 존재하고 탄생하게 되었습니다. 하필 딸이라서, 부친은 아들에게서 느끼지 못하는 어떤 감정을 느껴서 그래서, 아아, 신이시여. 제가 다음 문장을 쓰는 걸 허락하지 마세요.

허나, 씁니다. 신은 저의 탄생으로 말미암아 이 추악한 가족의 탄생을 묵과하였습니다. 너희는 행복할지도 모른다는 과실로 어리석은 인간들을 유혹하였고 또 죄악의 길로 걸어가도록 두었습니다. 신이 있다면 이건 신도 함께 벌을 받아야 하는 일입니다. 아니요, 애초에 부친을 탄생시킨… 후회해보았자 무슨 상관인가요. 나는 이미 서른 넘게 자라서 소설가라는 것이 되었는데.

아아, 그래요. 소설가란 말입니다.

소설가, 좋지요.

생각해 봅시다.

여러분은 삶의 막막함을 언제 아셨나요?

좀 더 구체적으로 질문드리겠습니다. 삶이라는 것이 언제나 개인 혹은 나라는 개인이 속한 집단의 바람대로 되지 않는다는 걸 처음 알았을 때가 언제였는지 기억하시나요?

백화점 복도에서 동행자를 잃어버렸을 때? 초등학생 때 딱지놀이를 하다가 아끼던 딱지를 친구들에게 빼앗겼을 때? 아니면 삐라인 줄 알고 성인 홍보물을 잔뜩 집어 들고 와 무엇이 삐라인지 경찰에게 물을 때?

'제 의지'가 반영된 기억은 이 셋 중 하나입니다.

특히 명함 사이즈의 성인 홍보물을 들고 가 삐라인지 파출소에 물었을 때의 일이 생각납니다. 경찰관들이 저와 친구들을 칭찬해 주면서도 저희 덕분에 이거랑 똑같은 건 본인들이 알아볼 수 있으니 다음부터는 보더라도 같은 건 가지고 오지 않아도 된다고 했습니다.

"하지만 그림이 바뀌면요?"
"비슷하다고 느껴지는 건 우리가 바로 확인 할 수 있어!"
"매일 바뀌어요! 양복 입은 아저씨들이 뿌리고 가요!"
"그래? 집 주소를 알려주면 아저씨들이 순찰을 할게."
"네!"

 순찰이라뇨. 저와 친구들은 시에서 상을 줄 것이라 생각하고 신나서 삐라를 주운 거였습니다. 시장님과 식사를 했다는 친구의 이야기를 듣고 저희도 시장을 만났다고 자랑하고 싶었거든요. 그런 욕망으로 성인 홍보물이 삐라인 줄 알고 줍고 다녔지만, 경찰들은 끝내 모르겠죠. 아, 이제 알려나요? 저와 만났던 경찰관은 이 글을 보면 저를 떠올릴지도 모르겠습니다.

 이것이 제 '의지'가 들어간 맨 처음의 절망에 관한 이야기입니다. 여기서 '의지'를 제외한다면 뭐가 남을까요?

 이전에는 삶 자체의 아이러니함을 시니컬하게 말했지만 지금은 진심으로 말할 수 있습니다. 정신과 선생님에게도 말했습니다. 이 세계는 내가 태어나서 잘못 된 거라고. 내가 태어나지만 않았으면 이렇게 일이 커지지 않았을 것이라고. 그러니까 내가 잘못 된 것이라고 말했답니다.

 과대포장 된 마음일지도 모릅니다만. 저의 탄생, 그것이

제 생의 첫 절망에 대한 순전한 사실입니다.

제 탄생은 제가 바란 것만큼 아름답지도 놀라운 순간도 아니었을 겁니다.

기껏 낳은 아이가 부친을 제대로 닮지 않았기 때문입니다. 실제로 제가 태어나고 3년 동안 저, 김계피는 호적에 오르지 않고 세상에 없는 아이로 지냈습니다. 여동생이 생길 무렵에 부모님이 엄청나게 자주 집을 비우고 싸우더니 그해 겨울엔가 좋은 일이 있다면서 맛있는 것을 사주었지만 무슨 일인지는 말해주지 않았고 그저 유치원에 갈 수 있게 되었다고만 하였습니다.

그래요, 1995년 12월 저의 부친과 모친은 혼인신고를 했습니다. 네, 이혼을 한 것은 이로부터 몇 개월 전의 이야기입니다. 정확하게 이야기하지 않는 것은 2차적인 피해를 입을 이복형제들의 안위를 위해서입니다.

제 탄생이 그들의 삶에 마음대로 되지 않는 최초의 기억이 되었을지도 모른다고 생각하면, 제가 태어나고 3년이라는 시간 동안 아빠를 제대로 보지 못했을 차남과 남편의 두 집 살림을 봐야 했을 두 여자들을 생각하면 부친을 갈기갈기 찢어 불로 지지고 볶고 태운다음에 담배로 말아 태우고 싶습니다.

"필요 이상의 죄책감을 갖지 마세요, 계피 씨."

선생님은 요즘 저를 볼 때마다 이 말씀을 자주 해주십니다. 아이러니하게도 이 말을 들을 때마다 나의 죄책감이 탄 롤러코스터가 심연의 어디까지 내려가고 있는지 죄와 벌이 얼마만큼 하이-파이브를 하고 듀엣곡을 불렀는지 알게 됩니다.

하여, 저는 씁니다.

하필이면 제가 작가가 되었지 뭡니까. 거기다가 하필이면 제가 누구인지 중요하지 않은, 그저 내 글만이 남기 바라는 귀엽고 친절한 소설가로 자라났지 뭡니까. 하필이면 또 저의 불효를 자랑할 수 있는 지면이 주어졌지 뭡니까.

물론 제 나이에 아동 폭력 피해자, 가정폭력 피해자, 혼외자라는 공동 타이틀은 너무 과해서 100억을 주면 생각해 보고 받을 텐데 100억도 없이 감히 공짜로 이런 타이틀을… 아니구나, 그분들은 제게 자신들이 가정폭력 강요로 인해 발생시킨 피해 금액을 제게 갚으라고 했으니, 빚을 떠넘기며 타이틀을 주셨군요. 후후, 소설이나 영화, 드라마 여주인공도 설정 과다로 쓰지 않을 설정이라고 생각하는 요즘입니다. 그렇지 않나요?

하여, 저는 씁니다.

저의 복수에 큰 에너지를 쓰고 싶지 않거든요. 아, 글을 쓸 때 들어가는 에너지요? 신경 쓰지 마십시오. 지금 원고가 상당히 밀려 있어서 ROCK-STAR가 된 기분으로 「ROCKSTAR」라는 노래를 들으며 차갑게 문장을 벼르고 벼르며 쓰고 있습니다.

사실 처음 원고는 굉장히 감정적인 글이었는데 다자이 오사무의 『인간실격』을 두 번 정독하고 쓰니 '아하 비록 나는 부잣집 딸도 아니고 외모도 예쁘지 않지만 뭐 같이 인간실격당해 줄 사람이 있구나'라는 생각이 들어 심장이 차가워졌습니다.

하여, 저는 씁니다.

이 글을 쓰는 것을 끝으로 더는 당신들의 이야기를 하지 않을 것입니다. 누군가 제게 부모에 대해 물으면 돌아가신 지 좀 되어 기억이 나지 않는다고 말할 것입니다. 당신들의 죄를 기억하는 일은 저 혼자 하지 않을 예정이거든요.

하여, 저는 씁니다.

독자 여러분은 제 불효의 영원한 공범이니까요. 공범이 되기 싫다고 하더라도 여기까지 온 이상 돌아가실 수 없습니다. 저의 최고의 불효와 최고의 배덕은 제가 작가라는 것입니다.

하여, 이렇게 인사드립니다.

불효를 제대로 하고 싶다면 하여, 그대여 쓰십시오.

하여, 고합니다.

드디어 제가 없어져 드리니 잘살아 보세요.

불효꾼, 김계피 드림

연옥

에세이 작가, 1인 출판사 '제로페이퍼' 대표, 모임 기획자, 번역가입니다. 에세이집 『지워지는 나를 지키는 일』, 『가족을 갖고 싶다는 착각』을 썼습니다. 가정폭력으로 얻은 우울증과 경계성 성격 장애로 인해 학교와 회사를 그만둔 경험이 있습니다. 정상 가족, 노동에 적합한 몸과 같이 사회에서 규정한 정상성에 의문을 던지고, 이로부터 비껴간 존재로서 느리지만 유연하게 살아남는 이야기를 합니다.

나를 놓은 엄마에게

엄마.

낯설다, 엄마라는 이름.

우리가 마지막으로 연락을 한 지 11년이 지났으니까 그럴 만도 하지. 사이가 썩 좋은 모녀지간은 아니었지만 그렇다고 꼭 처음부터 없었던 사람처럼 그렇게 홀연히 사라졌다는 게 아직도 믿기지 않아. 유일한 자식인 내가 어떻게든 당신을 찾는 게 도리라며 이모와 삼촌들이 나를 얼마나 들들 볶았는지 모르지? 그럴 때마다 나는 억지로 당신의 기억을 끄집어내다가 지금 어디서 뭘 하고 있는지 괜히 상상하기도 했어. 그토록 눈독 들이고 있던 친구네 식당을 물려받아 부지런히 장사를 하고 있을까. 인연이 지긋지긋하다던 말답게 머리를 밀고 어디 절에 들어간 건 아닐까. 그 모든 소망을 다 합친 것보다 더욱 절실히 이루고 싶어 했던, 글을 쓰고 그림을 그리며 자유롭게 사는 꿈을 이뤘을까.

살아 있기는 할까.

그걸 그리 자주 궁금해하지 않는 나는 괜찮은 사람일까.

그런 나를 당신은 얼마나 자주 궁금해할까.

혹시 모르니까 나의 안부를 전하자면, 난 엄마가 알았다면 꽤나 실망했을 삶을 살고 있어. 엄마가 그토록 애타게 바라던 전문직이 될 기회를 코앞에 두고 대학원을 그만뒀고, 그 뒤로 나름 번듯한 직장에 들어갔는데 거기도 겨우 1년 남짓 다녔던가. 결혼도 해서 엄마가 노래를 부르고 다녔던 외국인 사위도 얻어줬었는데, 그걸 엄마가 알게 되기도 전에 이혼을 해버렸네. 지금은 그냥 하루 벌어 하루 먹고 사는 자그마한 부업을 하면서 글도 쓰고 그림도 그려. 참 이상하지. 세상의 시선과 돈벌이에 괘념치 않는다는 전제하에 엄마가 제일 하고 싶어했던 일을 내가 지금 하고 있다는 게. 나에게서 기대했던 다른 모든 꿈은 성실히 배반했지만, 엄마가 가장 깊이 감추고 살았던 내밀한 욕망은 나의 유전자에 똑똑히 박혀 기어이 내 밥벌이가 된 게.

이렇게 구구절절 설명을 늘어놓아도 자랑스럽게 여기지 않을 걸 알아.

근데 있잖아, 엄마.

난 내가 당신을 20여 년간 견디고도 여전히 살아있다는 사실만으로도 스스로가 자랑스러워.

그래서 그 얘기를 오늘 꼭 해야겠어.

내가 어쩌다가 생존조차 축하해야 할 사람이 되었는지.

그리고 엄마의 눈을 똑바로 보는 마음으로 물어야겠어.

당신 때문인 걸 알고는 있는지.

엄마는 쌓인 게 참 많은 사람이었어. 오빠들의 공부를 뒷바라지하느라 대학은커녕 원하는 고등학교부터 포기해야 했던 넷째 딸. 결혼 후엔 이름이 재수 없다며 개명을 강요하고, 이불 좀 똑바로 개라며 베개를 던져대던 시댁 식구와 한 지붕 아래에서 살기도 했고. 나에겐 한없이 자상한 아빠였지만 자기 가족 문제만큼은 좀처럼 엄마 편을 들어주지 않던 아빠가 얼마나 답답하게 느껴졌을까. 하지만 경력은 다 끊겼고, 훌쩍 떠나기엔 갓난쟁이였던 내가 눈에 밟혔을 것 같아.

그래서 어쩔 수 없이 이 콩가루 가족에 20년 동안 붙들린 채로, 속이 새까맣게 타들어갔을 당신을 이젠 조금은 이해할 수 있어. 삭히던 분노를 도저히 억누를 수 없어 누군가의 머리

위에 펄펄 끓는 쇳물처럼 들이붓고 싶었을 거야. 당신이 완전히 잃어버린 통제권과 권위를 누군가에게는 강요하고 싶었을 거야. 하지만 동시에 그 모든 걸 조용히 함구해 가족의 체면을 지켜줄 수 있는, 착하고 나약한 누군가가 필요했을 거야.

그게 바로 나였고.

엄마는 나를 때릴 때 즐거웠어?

가끔은 신명을 이기지 못하는 사람처럼 때리길래 한 번쯤은 묻고 싶었어.

당신의 손바닥이 나의 뺨을 후려치며 달아오를 때마다 살아있다는 감각이 짜릿하게 느껴져서, 이 미친 가족으로 이루어진 먹이 사슬의 밑바닥이 당신이 아니라는 사실에 안도가 되어서, 때로는 기절할 때까지 맞아도 약속한 대로 그 누구에게도 발설하지 않는 내가 믿음직스러워서,

좋
았
어?

난 좀 별로였어.

실수로 매가 빗나가서 교복을 입어도 보이는 곳에 멍 자국이 남았을 때, 어떻게든 가리려고 파운데이션을 바르고 또

덧바르는 일이 번거로웠어.

목이 졸려 온몸을 비틀다가 천천히 시야가 흐려질 때, 척추가 끝에서부터 하나씩 뭉개지듯 둔감해지더니 끝내 아무 감각도 느껴지지 않을 때, 드디어 삶이 끝났다는 안도감 대신 지옥 같은 삶이라도 살고 싶다며 생존 본능이 비명을 질러대는 게 거슬렸어.

스무 살을 넘긴 뒤에야 세상 모든 엄마가 자식을 때리지 않는다는 걸 알게 되자, 전혀 당연하지 않은 사실을 멍청하게 숨기고 살았다는 수치심을 이길 수 없었어.

그래서 여러 번 죽으려고 하다가 다 실패하고, 제 발로 찾아간 병원에서 병명을 알게 되었어.

우울장애.

불안장애.

경계성 성격 장애.

일부는 완치의 개념이 없고 평생 안고 살아가야 하는 병이라고 하더라고.

마치 달궈진 도장으로 한 번 찍으면 죽을 때까지 지울 수 없는 낙인처럼, 당신이 남기고 간 병을 나는 지금도 몸 곳곳에 담은 채로 살아가고 있어. 그들이 잠에서 깨어나 길길이 날뛰면 실수로 죽을 수도 있으니까 어떻게든 잘 구슬리려고 약도 꾸준히 먹고 있고, 직업도 최대한 대인관계 스트레스 없이 조용히 혼자 하는 일로 바꾼 거야. 하루에 10시간씩 공부에 매진하며 나 자신과 싸워야 하는 전문직 시험을 포기한 이유도 다르지 않아. 이쯤 되니까 내가 하려는 말이 뭔지 알 것 같지? 그래, 엄마는 스스로 발등을 찍은 거야. 어쩌면 당신이 원하는 대로 순순히 성취하며 살아갈 수 있었을 가능성을 가로막은 정신질환, 그거 다 엄마가 나를 하도 때리는 바람에 생긴 거거든. 그러지만 않았어도 엄마가 그리 원했던 똑똑하고 능력 있는 딸, 엄마랑 사이좋게 팔짱 끼고 목욕탕에 가서 서로의 등을 밀어주는 딸이 될 수도 있었을 텐데, 그치.

그러니까 나한테 왜 그랬어.

왜 그렇게 심하게 굴었어.

아니, 그 전에 한 가지 더 묻고 싶은 게 있어. 엄마는 내가 정말 뭘 하고 싶어 하는지 궁금했던 적이 있어? 나한테 죽어라 시켰던 공부, 그거 사실 엄마가 되게 하고 싶어 했던 거잖아. 전문직이라는 안정적인 직업, 그저 가족의 돈줄에 불과했고 그마저도 결혼과 함께 허무하게 그만둬야 했던 엄마의 일과는 정반대라서 원했던 거잖아. 아아, 당연히 잘 알지. 자식 잘되길 바라는 마음, 자식이 나보다는 더 편하고 행복하게 살길 바라는 마음, 부모라면 누구나 다 갖게 된다더라. 근데 그걸 그렇게 틀린 시험 문제 개수에 몇 배를 곱한 만큼 매를 대면서 폭력적으로 강요할 것까지는 없었잖아. 내가 듣는 음악 하나하나를 감시하며 취향을 검열했잖아. 눈 한 번 깜빡해서 나를 살릴 수도, 죽일 수도 있는 독재자 같은 당신의 감시 속에서 자라는 바람에 그 밖의 세계를 감히 상상할 수 없었고, 그저 생존하기 위해 당신의 비위를 맞추느라 당신이 원하는 걸 나도 원해야만 한다고 스스로 세뇌해야만 했던 나는 어떡하라고. 그걸 뒤늦게 깨닫고 내가 진짜로 바라는 게 뭔지, 난 무얼 좋아하고 싫어하는지, 나는 누구인지 전혀 모르겠는 텅 빈 인간이 되어 절망 속에서 헤맸던 영겁 같은 시간을 보상해 줄 거냐고.

나를 겉만 멀쩡한 쭉정이 같은 가짜 사람으로 키워낸 것도 문제지만, 당신의 좌절된 꿈을 투사할 수 있는 평행세계 속 분신 이상의 존재로서 나를 바라본 적이 단 한 번이라도 있었다면.

폭력의 잔흔이 많이 흐려진 지금도 여전히 엄마를 원망하는 마음이 컸을까.

뭐, 이 문제는 이쯤에서 묻어두기로 할게. 비록 시행착오를 10년 가까이 겪긴 했지만, 결국은 나의 힘으로 내가 어떤 사람인지 천천히 찾아갈 수 있게 되었으니까. 그냥 이 사실만 기억하고, 인정해줘. 지금 나의 모습이 실망스럽다면, 그렇게 되기까지 당신의 역할이 결코 작지 않았다는 걸. 옳은 길로 인도 한다는 명목하의 '사랑의 매'라는 건 있을 수 없고, 당신이 휘두른 매가 사랑을 뜻한 적 역시 한 번도 없었다는 걸. 내가 끝내 살아남아 지금의 나를 자랑스럽게 느낄 수 있게 되기까지 당신이 필요하지 않았다는 걸. 아니, 내 인생에서 그렇게 갑자기 사라져 줘서 오히려 내가 느리게나마 회복할 수 있었다는 걸.

그럼에도 엄마를 이해하려는 노력에 게을렀던 건 아냐. 우리가 의절하기 전, 그렇게 될 줄도 모르고 평범하게 저녁 식사를 함께했던 마지막 밤, 갑자기 나한테 불행했던 가족사를 와르르 털어놓았잖아. 누군가 제발 한 번쯤 물어봐 주길 바랐던 질문에 쉼 없이 답하듯, 그토록 억울했고 참아야만 했고 아무도 이해해 주지 않았던 당신의 넋두리를 난 묵묵히 들어주었어. 엄마라는 이름과 아무 관계 없이 한 명의 여자로서, 사람으로서 발버둥 쳤던 시절이 있었구나. 당신도 한때 무력하고 무해한 어린이였구나. 그 시절부터 당신의 가슴에 고였던 눈물이 낙숫물처럼 흘러내려, 자식인 나의 인생까지 축축하게 젖어 들었을 수도 있다는 생각을 처음으로 했어. 묘한 안도감을 느꼈어. 한때 내 목숨을 쥐락펴락했던 엄마가 처음으로 나랑 다를 바 없는 인간으로 보여서 그런가. 그래서 그날 당신을 안아준 거야. 늘 그렇듯 지하철역 출구 앞에서 인사를 나누고 뒤를 돌아 헤어질 수도 있었지만, 개찰구 대신 당신의 뒷모습을 향해 저벅저벅 걸어가 두 팔 벌려 있는 힘껏 안았던 거, 기억하지?

내 품 안에서 흐느껴 울며 오르락내리락하는 엄마의 어깨를 내려다보니까 새삼 엄마가 얼마나 작은지 실감이 났어. 그렇게 한없이 작아진 사람에게 보여줄 수 있는 최소한의 연민과 사랑이라고 생각했어.

하지만 강산이 한 번 변하고도 남을 세월이 지나고 나서 다시 돌아보니, 그 포옹은 당신이 아니라 나 자신에게 전하는 위로였던 것 같아. 내가 그대를 이만큼이나 이해하고 먼저 손을 내밀 수 있을 정도로 성장하고, 치유되었다는 표식이기도 했으니까. 엄마를 안아주면서 나는 동시에 스스로를 안아주었어. 당신의 모든 손찌검을 묵묵히 받아내던 세 살, 여덟 살, 열세 살, 열아홉 살의 나까지 함께 끌어안았어. 그 어린아이들을 부둥켜안고 속으로 조용히 말을 건넸어. 우리는 살아남았어. 살아남아서 우리를 수차례 죽이려고 했던 이 사람을 완벽히 용서하지 못했는데도, 여전히 안아줄 수 있는 어른이 되었어. 그러니까 더 이상 울지 말자. 다음 날 아침이 영영 찾아오지 않을 것 같아서, 차라리 맞다가 죽는 게 낫겠다는 생각도 하지 말자. 내가 이만큼 훌쩍 성장할 수 있다는 걸 그때 알았더라면 견디는 게 조금은 더 쉬웠을 텐데, 그치. 그래도 괜찮아. 이제 다 지난 세월이야. 그동안 고생했어. 엄마의 등을 두드리며 난 나의 등을 두드리는 손길을 함께 느꼈어.

동시에 나는 엄마에게 나름의 이별을 고하고 싶었나 봐.

평소에 안 하던 짓을 갑자기 하면 곧 죽을 때가 된 거란 시시껄렁한 농담도 있잖아. 엄마에게 손가락을 대기는커녕 옆에 앉는 것조차 무서워했던 내가 감히 포옹을 시도한 건, 우리의 관계가 죽었다는 과감한 선언이었을지도 몰라. 이제 부모자식이란 이름으로 지긋지긋하게 엮이지 말고, 가끔 서로를 긍휼히 여기고 토닥여줄 수 있는 사람 대 사람으로 살아가자고 선을 그었던 거지. 사실 그건 어디까지나 내 머릿속에서나 그은 선이었지, 실제로 우리가 관계를 끊기까지는 그 뒤로 몇 달의 시간이 더 걸리긴 했지만 말이야. 의절이라는 어려운 과제를 깔끔하게 해낸 것도 내가 아니라 엄마였고.

    내가 정하지 않은 날 끝을 통보받은 게 사실 좀 허무하긴 했어. 그래, 불씨를 지핀 건 내가 맞긴 해. 어느 날 밤, 엄마에게 전화를 걸어서 엉엉 울면서 미친 듯이 화를 냈던 걸 기억해. 그전까지는 감각으로만 남아있는 기억을 도저히 표현할 단어가 없어서, 내가 반항하듯 눈을 치뜨기만 해도 몇 배는 더 세게 몰아붙이던 당신의 무서운 얼굴이 생생해서, 나를 몇 번 죽이려고 했고 거의 성공하기도 했던 사람에게 감히 반기를 드는 게 상상조차 되지 않아서 차마 말하지 못했거든. 그런데 엄마와 물리적으로 떨어져 지낸 지 3년이나 흐르고 나니까 아주 작은 용기가 생겼던 것 같아. 우리는 이제 꽤 멀리 떨어져 살고 있고, 전화기 너머로 사람을 때릴 방법은 없다는 걸 알아서 그랬나. 아무튼 눈앞이 하애질 정도로 분노가 치밀어서 엄마에게 마구잡이로 모진 말을 했어. 나한테 지금까지 얼마나 잘못했는지 알고는 있는 거냐. 근데 어떻게 아직까지도 나한테 그렇게 뻔뻔하게 돈을 내놓으라는 부탁을 해대냐. 우리가 그냥 그렇게 평범하고 사근사근한 모녀 관계인 줄 아냐. 나한테 어떻게 그럴 수 있냐. 나한테 어떻게 그럴 수가 있냐고.

전화를 끊고 나서 온몸이 벌벌 떨렸어. 속이 시원한 게 아니라 오히려 뜨겁고 더 불편했어. 마른침만 꿀꺽, 꿀꺽. 내가 지금 무슨 짓을 한 거지. 내가 태어날 때부터 한 번도 깬 적이 없던 불문율, 그러니까 엄마가 원하는 게 샌드백이 되는 거든 지갑을 내어주는 거든 무조건 해 줘야 한다는 규칙을 한 번 어기고 나니까 앞으로 어떻게 해야 할지 모르겠더라고. 다시 전화를 걸어서 사과를 해야하나? 그러고 싶지도 않고, 그렇게 무마될 문제도 아닌 것 같은데. 그럼 엄마의 반응을 조용히 기다려야 하나? 그게 맞는 것 같았어. 내가 처음으로 반격을 날렸으니, 나만큼이나 당황했을 엄마에게 천천히 생각할 시간을 주는 게 맞다고 생각했지. 그렇게 기다린 끝에 돌아오는 답변은 늘 그러하듯 다 내 잘못이고, 내가 더 잘해야 한다는 정해진 오답일 게 뻔했지만 말이야. 오답이라도 예상을 벗어나지만 않는다면 내가 또 맘에도 없는 사과를 하고, 며칠 뒤에 우린 또 저녁 식사를 할 거고, 이 일은 없던 것처럼 묻고 지나가는 일상으로 돌아갈 수 있으니까. 그 익숙함의 기저에 아무리 억울함과 원망이 몰래 들끓고 있더라도, 관성이 주는 편안함을 생각하면 썩 나쁘지 않았어. 하다못해 매일 맞는 게 익숙할 때도 그 예측 가능한 익숙함이 주는 소름 끼치는 안도감이 있었는데, 매가 등장하지 않는 이런 습관적 무마쯤이야 감사하게 견딜 수 있지. 지금은 믿기지 않지만 아무튼 그때는 그런 마음이었어.

    그래서 며칠 후 엄마가 보낸 문자를 보고 놀랄 수밖에 없었던 거야.

    천륜이라고 꼭 죽을 때까지 가져갈 필요는 없어.
    서로를 놓아주자.

    뭐야, 이렇게 마음대로 마지막을 정해버리겠다고? 아직 전해야 하는 분노가 20년 치 남아있는 건 당신이 아니라 난데?

    난 아직 할 말이 많은데.
    그냥 마음의 준비가 되지 않았을 뿐인데.
    어떻게 가해자인 당신이 먼저 끝을 말할 수 있어.
    이 정도면 되었다, 라고 자신 있게 말할 수 있어.
    나에게 기회를 줘야지.

끝내더라도 내가 끝내야지.

이건 아니지.

이렇게 사라지면 안 돼.

가지 마.

나를 아무리 때리고 죽이려고 했어도 당신은 하나밖에 없는 나의 엄마야.

난 여전히 유일무이한 당신의 사랑을 갈구해.

맞아서라도 당신을 만족시킬 수 있다면 얼마든 더 맞을 수 있을 정도로 사랑을 원했고, 사랑했어.

엄마, 떠나지 마.

내가 떠나라고 명령할 때까지 떠나지 마.

이 중에서 내가 실제로 엄마에게 전한 말은 한마디도 없어. 그 뒤로 내가 당신에게 처음으로 보낸 문자는 몇 년 뒤, 외할머니가 암에 걸렸다는 소식이었지.

두 번째로 보낸 문자는 외할머니가 임종 직전이라는 소식, 세 번째 문자는 결국 돌아가셨다는 소식.

당신 어머니의 장례식장에도 끝내 얼굴을 비치지 않은 마음을 어쩌면 영영 헤아릴 수 없을지도 모르겠어. 그걸 헤아릴 의무가 내게 있는지도 모르겠고. 처음에는 내 책임이라고 생각해서 무척 괴로웠거든. 내가 그날 불같이 화만 내지 않았어도 우리가 여전히 어색하게나마 밥을 같이 먹는 사이로 남고, 엄마가 외가 식구들과도 연락을 끊지 않고, 엄마의 엄마를 마지막으로 보내는 자리에도 올 수 있지 않았을까. 다 내 책임 같았어. 내가 맞을 때도 늘 내가 모자라고 태어난 것 자체가 잘못이라 맞았다고 철썩같이 믿었기에, 이번에도 그때처럼 그저 내 잘못인 줄 알았어.

그런데 세월의 힘으로 기억이 흐려지고 관성을 놓을 수 있게 되면서 생각이 천천히, 아주 천천히 바뀌더라. 일단 어떤 방식으로든 내 인생에서 가해자가 완전히 사라진 게 피해자의 회복에는 정말 좋은 일이라고 하더라고. 그리고 놀랍게도 그 무엇도 내 탓이 아니었대. 나를 멋대로 대하고 제대로 지켜주지 못한 어른들 탓이었대. 듣고 보니 정말 그렇더라. 그러고 보니 주변에 구조 요청을 하지 못한 내가 멍청했던 게 아니라, 사람들에게 알리면 나를 죽이겠다는 당신의 협박 속에서 살아남기 위한 최선의 선택을 했을 뿐이었어. 대충 눈치를 챘으면서도 모른 척했던 가족과 지인들이 여전히 원망스러울지언정, 개입을 망설였던 각자의 사정을 머리로나마 헤아릴 수도 있게 되었어. 매일 맞고 살던 시절의 내가 그저 무력하고 수치스러운 모습이 아니라, 그 힘든 시간을 홀로 견디면서도 놀라울 만큼의 성취를 해내고 무사히 어른이 된 대단한 사람으로 보이더라.

다시 처음으로 돌아가자면, 이런 깨달음을 안고 어른이 된 나의 모습이 당신의 성에 차지 않을 걸 잘 알아. 하지만 나에겐 그게 별로 중요하지 않아. 난 스스로를 행복하게 만드는 방법을 배우고 있어. 그게 엄마가 기대한 사회적인 성공은 아닐지언정, 나만의 만족을 위해 과감히 도전하고 과정을 즐기는 법도 알아가는 중이야. 글을 쓰고 책을 만들고, 그림을 그리고, 오후 3시의 나른한 햇빛을 만끽하며 고양이의 뒤통수를 쓰다듬을 수 있는 이 여유 있는 삶이 참 좋아. 마음이 참 풍요롭고 여유로워져서, 영영 쓸 수 없을 줄 알았던 이런 편지도 쓸 수 있게 된 나 자신도 마음에 들어.

그럼에도 불구하고.

피로 가득한 강물처럼 흐른 세월에도 불구하고.

나 이렇게 단단한 어른이 되었어, 엄마.

더 많은 세월이 흐르면, 언젠간 묵힌 모든 감정과 역사를 마주하고 당신에게 두 번째 편지를 띄우는 날이 올지도 모르겠어. 하지만 만약 그런 날이 온다면, 당신을 먼저 안아주었던 그 스물두 살의 눈 내리는 겨울날처럼, 그건 당신을 위한 게 아니라 내가 평화를 찾기 위한 선택임을 잊지 않을게. 난 당신의 딸이기 이전에 나로서 존재하니까.

그래서 차라리 나를 떠나준 당신에게 고맙다고도 말하고

싶어. 나의 어머니였지만, 더 이상 나의 어머니로 살지 않아 주어서 고마워.

   엄마 말이 맞았을지도 몰라.

   우린 서로를 놓아주어야만 했나 봐.

   살아있다면, 잘 살아.

   나 역시 그럼에도 불구하고 잘 살고 있으니까.

당신의 유일한 딸, 수야가

진서하

『상온보관의 마음』, 『돌아오는 새벽은 답이 아니다』를 썼다. 함께 쓴 책으로 『용맹하게 다정하게 눈이 부시게』가 있다. 감정의 누수와 그에 침수되는 각자의 진실에 관심 있다.
TK 장녀. 경북 청도 종갓집의 차남과 대구광역시 종갓집의 차녀 사이에서 태어나 자랐다. '종갓집'의 진정성에 대해서는 알 길이 없다.

패밀리 어페어

"누나. 나 진짜 결혼하려고. 10월에 식장 잡았어."

시발 좆됐다. 처음 든 생각이었다. 잽싸게 너무 잘 됐다고, 정말 축하한다고 말했다. 미안하게도 그게 먼저는 아니었다. 아니, 그래, 할 줄 알았지만 진짜 할 줄은 몰랐지. 그러니까, 언젠가 하겠지 예상은 했지만 정말로 이 세계에서 발생할 사건이라 여긴 적은… 없었던 거다. 그간 둘이서 얼마를 모아두었는지, 스드메며 일정은 어떻게 될 것인지 죽 브리핑하는 동생의 목소리를 들으며 앞에 놓인 귤껍질을 조금씩 조각냈다. 알 만하지만 들어도 잘 모를 세부 사항의 나열이 끝나고 잠깐 정적이 흘렀다. 혀끝에 걸리는 입술 각질을 앞니로 뜯으며 말했다. 그렇구나. 잘 준비해. 내가 도울 거 있으면 말하고. 손톱 아래 잔뜩 낀 귤락을 다 긁어내도 손톱은 여전히 노랗다. 입술 끝에 맺힌 옅은 피 맛이 비릿하다.

*

　엄마의 항암 치료 중에도 아비는 주말이면 꼬박꼬박 사택에서 집으로 와 엄마가 차린 밥을 기다렸다. 보리차 냄새에도 헛구역질을 하는 엄마가 된장찌개를 끓이는 동안 아비는 1박 2일을 보며 강호동과 함께 시원하게 웃었다. 수저를 놓고 나면 하염없이 TV 채널을 돌리다가 낮잠 한번 푸지게 잔 뒤 사택으로 돌아갔다. 그가 뱃속에 퍼담고 싶었던 건 식사가 아닌 엄마의 노동이고 고생이었다. 그게 자신을 진정한 가부장으로 만들어준다고 믿는 사람이었다. 이따금 사정이 여의치 않을 때 엄마를 태우고 서울 병원에 가는 것이 그의 유일한 쓸모였고 그것만으로 그는 좋은 남편을 자처했.

　가제 손수건으로 코를 틀어막은 채 된장찌개를 끓이던 엄마는 결심했다. 항암이 끝나고는 이렇게 살지 않겠다고. 그렇게 엄마가 시도한 변화는 다음과 같았다. 시댁에 두 번 갈 거 한 번만 가기. 더 이상 남편의 사택에 반찬 해다 나르지 않기. 힘들 땐 쉬기. 당연한 일이 엄마에겐 30년간 당연하지 않았다. 숨처럼 누려온 엄마의 노동은, 든 자리는 몰라도 난 자리는 불벼락 뒤 황야처럼 휑했을 것이다. 엄마가 예상보다 단호하고 길게 투쟁을 이어가자 이 모든 게 잠깐 지나는 바람일 거라 여기던 내 아비는 분노했다. 덕도 없고 돈도 없는 가부장에게 남은 것이라곤 꼬장뿐인지라 이런 상황은 예상 못 했던 모양이다. 30년간 자신이 꾸린 정상가족을 하나의 덩어리이자 자신을 치장하는 액세서리로만 대한 그에게, 엄마와 나 그리고 남동생에게도 당신과 마찬가지로 자아와 호오가 있다는 사실을 마주하는 건 너무 어려운 일이었을까. 태연하게 이어오던 그의 끈질긴 수동공격은 이제 누구에게도 먹히지 않았다. 더는 누구도 더러운 똥 피하듯 참아주지 않았다. 특히 엄마에게 그것이 중요했다. 이건 이래서 아니, 저건 저래서 아니, 그 정도는 오케이. 내 보기에는 엄마가 이제야 사리 분별을 좀 시작했나 싶었건만 내 아버지의 소감은 아무래도 남달랐겠지. 게다가 고분고분한 줄 알았던 딸년은 날이 갈수록 눈을 세모로 뜬 채 따박따박 말대꾸를 하며 이 사태를 부추기고 있는 것이었다. 이 모든 상황을 납득할 수 없었던 그는 급기야 궁리 끝에 납득할 구실을 공작해낸다. 그의 빈곤한 상상력이 한 땀 한 땀 직조해 낸 구실이라곤 좀… 실망스러울 정도로 지루하고 뻔했다. 그의 세상에서 엄마는 바람피우는 년이 되어있었다.

나, 솔직히, 엄마가 진짜 바람을 피웠대도 '아휴 드디어!' 싶었을 것이다. '드디어 정신을 차리고! 새출발을 꿈꿨구나!!'

했을 것이다. 엄마에게 다른 남자가 있었다면 오히려 마음 편했을 것이다. 제발 이혼을 하라고 사정할 때 들은 척도 않던 엄마를 차라리 이해하기 쉬웠을 것이다. 자식들 생각해서 이혼만은 참은 거구나, 하며 닳고 닳은 세상의 말을 멋대로 비틀어 내 편으로 만들었을 것이다. 그렇게라도 숨통이 트이고 싶었을 거라며 되려 도왔을 것이다. 엄마가 그럴 만한 배짱조차 없는 사람이라는 사실은 나를 착한 딸로만 살게 두지 않았다. 왜 그럴까? 대체 왜 참고 살까? 우릴 먹여 살리고 대학까지 보낸 건 거의 엄마 혼자 해 낸 일인데…. 그 정도로 대차고 능력도 있으면서, 둘 사이가 애틋하거나 애정이 충만한 것도 아니면서, 오히려 남편보다 능력 있다는 이유로 수모와 모욕을 겪으면서까지 이 결혼 생활을 이어가야 할 이유가 뭘까? '내 인생에 이혼은 없다'라는 엄마의 결심을 딸로서 이해해 보려 수없이 노력했지만, 딸이어서 끝내 이해할 수 없었다. 그래서 얻는 명예가 뭔데? 행복이 있어? 의미가 있어? 물은 날보다 차마 묻지 못한 날이 많았다. 다 묻기엔 내가 너무나 엄마의 딸이기만 했다. 그러니 숨 쉴 구멍이나 기댈 사람이 따로 있어서 살 만했다 하면 차라리 이해하기 쉬웠을 것이다. 아주 뻔히 익숙한 이야기가 될 테니까. 나는 그 뻔함을 기꺼이 도왔을 것이다.

   하지만 엄마는 그저 버텼을 뿐이었다. 버티고 버티다 30년 만에 연락이 닿은 옛 연인과 커피 한잔했을 뿐이었다. 차라리 진짜 불륜이었다면 좋았을 텐데. 차라리.

*

어느 날 나의 아비는 다짜고짜 가족들을 다 불러 모았다. 지금 당장 집으로 집합하도록. 사회생활 중인 딸, 아들, 아내를 자신의 말 한마디로 당장 오게 만들 수 있다고 믿는 사람의 심플한 메시지. 익숙한 분노를 꾹꾹 눌러 담고 셋은 답장을 남겼다. 못 가요. 야근이에요. 일 있어요. 밤 9시가 되어 겨우 네 가족이 모이자 느그 엄마는 천하의 나쁜 년이라며 공개 처형(?)을 시도했다. 확대해석에 기반한 느그-엄마-나쁜년-만들기는 듣기 싫지도 않을 정도로 진부했다. 나와 동생이 그래서 뭐 어쩌라고 식으로 나오자 그는 급발진한다. 다 증거가 있어! 다 녹음을 했다고! 내가 어? 카메라 느그 엄마 방에 다 설치해 놓았단 말이야. 알겠어? 다 찍었어! 파일도 다 가지고 있어! 자신의 범죄행위를 자랑스레 뻐기는 한 사람. 지금 하는 말이 범죄 자백인 줄도 모르는 멍청한 사람. 30년 전에도 느그 엄마가 의심스러워 도청한 적이 있다는 이야기를 덧붙이며 또 한 번 자랑스러워하는 사람. 자식들 앞에서 아내를 어떻게든 욕보이려 드는 사람.

시뻘건 눈으로 목에 핏대 세우며 침을 튀기던 그 인간을 보는 동안 내 맘속에 인 것은 무엇이었냐. 수치였다. 내 몸과 영혼의 절반이 저 인간에게 비롯되었다는 치욕.

*

　그로부터 사흘 전 아비가 걸어온 전화를 떠올린다. 절대 먼저 전화 걸지 않는 그의 이름이 휴대전화에 뜨자 나도 모르게 벌떡 일어섰다. 애인과 즉석 떡볶이를 먹으러 간 날이었다. 설명도 없이 벌떡 일어나 가게 밖 계단참에서 전화를 받았다. 분명 급한 일일 텐데. 엄마한테 무슨 일이 있나? 여보세요? 어 그래, 이거 좀 들어보고 뭐라고 들리는지 말해봐라. 네? 들어봐라. 저 멀리서 웅얼대는 소리가 들린다. 제법 길게 이어진다. 무슨 소린지 모르겠는데요? 잘 안 들리제? 네. 근데 중간에 모텔로 오라는 소리 안 들리나? 모텔이요? 그래, 모텔. 그런 비슷한 소리도 안 들리는데요.

　…알겠다.

　통화가 끊기고 한참을 멍하니 서 있었다. 놀라서 따라온 애인이 얼어붙은 얼굴을 보고 걱정한다. 떡볶이는 바글바글 끓고 떡은 퉁퉁 불었다. 입안에서 떡이 사라지질 않는다. 질겅질겅. 씹는 만큼 다시 생겨나는 것만 같다. 질겅질겅. 어금니를 팅기는 떡을 휴지에 뱉고 사이다를 벌컥벌컥 들이킨다. 비린내가 난다. 전화기 너머에서 비린내가 난다. 정체가 뭘까. 답을 구하듯 휴대전화로 시선을 떨궜다. 더는 전화가 울리지 않았다.

잠깐 몸을 떠난다. 한참을 멀어져 사흘 전을 다녀온다. 다시 결착된다. 그러고는 30년간 참아둔 욕지거리를 쏟아냈다. 이무기가 1천 년 묵으면 용이 되어 승천한다고 하던데. 해소되지 않는 의문을 30년간 묵히면 무엇이 되는지 아는가. 인신공격과 욕지거리가 된다. 욕설과 울음이 뒤섞여 구토마냥 쏟아졌다. 미친 새끼, 병신같은 게, 니가 그러고도 아빠냐, 시발 범죄야 그건, 그게 자랑이냐, 지맘대로 안 된다고 마누라 몰카 찍는 등신 머저리새끼가 내 아빠라고? 말이 안 되는 걸 되게 하려고 딸을 기만해? 나를 이용해? 30년 전 도청테이프를 아직도 갖고 있어? 이거 완전 미친 새끼 아냐?

그런 일이 세 번 정도 있었다. 별의별 이야기를 다 했다. 느그-엄마-나쁜년-성토대회를 열고자 했던 그의 의도가 무색하게 나와 동생은 아빠-니가-진짜-쓰레기-고발대회를 열었다. 너무 익숙해서 이제는 잠잠해진 줄 알았던 분노는 신체 곳곳에 잠잠히 스며들어 있었다. 말하고 소리치는 동안 온몸에서 열이 났고, 와중에 나는 말하면서 스스로에게 놀랐다. 나 이렇게 논리정연하게 말을 하네. 정말 조리 있어서 관객이 있다면 모두 내게 감탄할지도 모르겠네. 마치 성토를 가장한 논문 발표회 같았다. 연구 기간 자그마치 30년. 혹시 몰라 스마트폰으로 모두 녹음을 해두었다. 녹음을 들키면 해 둘 말도 있었다.

'콩 심은 데 콩 난다는데 몰카충* 밑에 미친년 나는 거지!'.

그 무거운 녹음 파일들을 여태 한 번도 재생해보지 않았다. 한동안은 그 파일들의 이름만 봐도 심장 안쪽부터 명치까지가 부르르 떨리고 목덜미쯤에서 다시 열이 올랐다.

*

기억 하나. 너희 두 년 다 죽여버리겠다는 그의 말에 식칼을 꺼내 식탁에 올렸다. 죽여봐 시발. 죽는 게 무서운 년인 거 같아 내가? 그렇게 말하는 내가 어느 때보다 진심인 걸 나는 알았다. 그도 알았던 것 같다. 그렇게 도망간 걸 보면. 그는 재빠르게 자리에서 일어나 욕을 웅얼거리며 집을 빠져나갔다. 복도에서 내려다보자 좁은 골목을 빠르게 빠져나가는 그의 차가 보였다.

기억 둘. 그와 나 둘 다 서로 욕설을 토해냈다. 내가 욕지거리를 내뱉는 동안 그는 너무나 당황한 나머지 내게 '이게 미쳤나'만 반복했다. 그가 식칼 손잡이를 잡았다가 놓았고 그걸 동생이 말렸다.

기억 셋. 내 입에서 쏟아지는 욕설을 맞던 그는 모욕에 밀려 눈물을 쏟았다. 나는 정말 최선을 다해 좋은 아빠였다고, 네가 아기일 때 너를 안고 걷기도 했는데 어떻게 좋은 아빠가 아

● '불법촬영범죄자'가 정확한 표현이다.

닐 수 있냐고, 사는 동안 수백 번 해 온 같잖은 자랑을 또 했다.

　기억 넷. 엄마를 때리려는 시늉을 하기에 식칼 손잡이를 잡았나? 그걸 보고 그가 다시 자리에 앉았던가? 아니, 나를 때리려 들었던가? 그래서 어금니를 꽉 깨물고 폭력을 맞이할 준비를 했던가? 그때 내가 쥐고 있던 게 휴대전화였나 주먹이었나?

　기억을 정리하는 일에 끊임없이 실패한다. 이제는 단언할 수 있다며 자신하다가도 하룻밤 지나면 다시 기억을 재조립해야만 한다. 그에게 욕을 뱉는 동안 나는 산산조각 났다. 파편이 된 나는 수많은 경우의 수 앞에 널브러졌다. 내 안에는 지나치게 여럿이 된 기억이 혼재되어 있다. 여럿의 기억 모두 나의 목격이고 체험이다. 선명한 기억이 없다는 사실보다 더 의아한 것은, 이 모든 게 사실이 아니라는 점이다. 어떻게 이 중 한 가지만 정말로 일어난 일이지? 어떻게? 한 가지만? 사실? 일 수 있지? 너무 많은 기억과 반추가 뒤섞여 이제는 이 기억의 정체를 알 수 없다. 그저 나만의 진실로 남았다. 아주 혼탁하고 끈적한, 형체를 잃은 진실. 평생의 모욕과 의문을 몇 번의 싸움으로 매듭지을 순 없잖아. 그렇게 자위한다. 반추의 허리를 끊은 뒤 잠을 청하는 것만이 내가 할 수 있는 전부다.

　딱 하나 분명한 게 있다. 그와 내가 싸우는 동안 엄마는 계속 울었다. 그냥 계속 울기만 했다. 호박마차 뺑뜯긴 요정할머니처럼 아주 착하고 나이스한 눈물이었다.

*

　그가 설치했다던 웹 카메라는 엄마 침대 옆 책장 구석에서 발견되었다. 어설프게 얹어놓은 카메라를 보고 헛웃음만 나왔다. 전선을 잡아 뜯고 메모리카드를 주머니에 넣은 뒤 카메라를 챙겨 택시를 타고 내 집으로 돌아왔다. 세면대에 물을 콸콸 틀어놓고 그 앞에 쓰러져 만화처럼 오열했다. 시원하게 분노했다. 불쌍한 나. 처절한 나. 등신 같은 나. 아비의 범죄는 내 안에서 자꾸만 나의 것이 된다. 나의 짐이 된다. 나의 죄가 된다. 그렇게 어설프게 연결해 둔 걸, 몰랐다고? 내가 엄마를 그냥 그렇게 둔 거라고? 거듭된 자책 뒤에 문득 알아챈다. 누구보다도 이런 순간을 기다려왔다는 사실을. 이 가족의 파국을, 파국의 계기를 매우 고대해 왔다는 사실을. 그의 어설픈 범죄나 삽질이야말로 내 생애 처음으로 그에게 깊은 감사를 느낄만한 일이라는 사실을. 그가 이딴 짓을 하지 않았다면 그가 내 삶에서 임시로나마 사라지는 일은 결코 없었을 거라는 것을. 그렇다면⋯ 내가 죽어버리는 것이 내게 가장 좋은 선택일 수도 있었다는 것을.

　동시에 생각한다. 이걸 기다려온 나여서 다행이라고. 착한 딸이 되고 싶다거나 부모의 사이를 봉합하려 애쓰는 TK 장녀이길 포기한 내가 지금의 나여서 다행이라고. 그건 일생일대의 성취였다. 극한의 순간에서 나는 생애 처음으로 그렇게

love yourself :) 해낸 것이다. 부모가 내게 평생 주지 못했던, 내가 늘 바라왔던 것. 자기애. 그들의 파국 앞에서 나는 내게 스스로 그걸 건넸다. 정말 웃기는 일.

**

그게 5년 전이었나 6년 전이었나. 마지막 만남에서 그는 '그래 내가 다 미안하다…'라고 처연하게 말한 뒤 집을 나섰다. 사흘 뒤 엄마와 함께 있는데 그에게서 전화가 왔다. 자식은 못 이겨도 만만한 마누라는 어떻게든 이겨 먹겠다는 심산의 전화였다. 또다시 나이스하게 일일이 다 대꾸해 주며 울기만 하는 엄마가 꼴 보기 싫었다. 전화를 빼앗았다. 서로 악에 받친 욕지거리를 주고받았다.

한 시간 뒤에 그는 카톡에서 나를 차단했다. 아마도 그로서는 내게 내리는 벌이었을 것이다. '감히'의 처단이었을 것이다. 그걸 모르기엔 나 그를 너무 오랫동안 관찰하고 분석하고 이해하려고 노력해왔다. 그에 대해 다 알면서도 기대를 거듭하기에 30년은 정말 긴 시간이지 않는지. 그의 징벌은 그러나 내가 무서워하기엔 꽤나 유치했다. 엄마와 남동생은 차단하지 않았으므로. 아빠의 차단은 나의 삶을 훨씬 편안한 자리에 가져다 두었다. 그래 그렇지, 당신은 그런 사람이지. 차가운 안도가 가슴에 깃든다.

다만 슬그머니 깔리는 불안감은 분명 있었다. 언제 그가 내 인생에 다시 끼어들까. 분명 그런 날이 앞으로 못 해도 여러 번은 있을 텐데 그게 대체 언제일까. 그놈의 천륜이 무엇인지 언젠가, 최소 한 번은 그와의 대면을 미룰 수 없을 것이었다. 가장 빠른 언젠가가 동생의 결혼식이었던 모양이다. 그가 내 인생에 없는 것처럼 굴 수만은 없게 될 날. 어떻게든 그와 나의 존재가 한 데 묶이고야 말 날.

**

오전 11시 결혼식을 치르기 위해 신랑의 엄마와 누나는 8시까지 헤어 메이크업을 받으러 샵으로 가야 한다. 오랜만에 아침 공기를 맞으며 옷을 빼입고 가면서 엄마에게 말했다. 이건 그냥 민재의 좋은 날이야. 우리를 위한 날이 아니야. 그러니까 자아는 잠시 빼고 그냥 웃자. 아빠를… 그냥… 뭐랄까, 예식장 패키지 옵션이라고 생각해. 응 그게 좋겠다. 딱 그 정도야. 어차피 남의 이목이 세상 제일 중요한 인간이니까 그거 신경 쓰느라 뭔 짓을 하지는 못할 소인배야. 필요한 말만 하고 적당히 같은 구역에 서 있기만 하면 돼. 미워할 가치도 없는 거야. 그냥… 뭔 말인지 알겠지? 맞아맞아, 식장 패키지 포함이라고 생각해 버려. 이혼했더라도 어차피 오늘 같은 날엔 만났을 테니까. 만나서 오히려 마음이 편해질 수도 있어. 별거 아닌 걸

눈으로 확인할 기회라고 여기자.

　잔뜩 얼어있던 엄마의 옆에서 가는 내내 종알거렸다. 두서 없는 주문처럼 들숨의 기척도 없이 말이 쏟아져나왔다. 목소리가 조금 떨렸던 건 아침이라 추워서였다. 전날 묵은 숙소에서 식장까지는 걸어서 딱 5분. 그 내내 나는 쉬지도 않고 쏟아냈다. 엄마는 은은하게 얼어붙은 채 희미하게 웃으며 간간이 대꾸했다. 불현듯 심장이 어디 있는지 생생하게 느껴졌다. 그 울렁임이 낯선 웃음을 만들어냈다. 지어낸 웃음에 기대어 엄마와 손을 잡고 샵으로 들어섰다.

**

　어머 저 난생처음 메이크업 받아봐요 하는, 전에 없던 넉살을 떨어가며 메이크업을 받는다. 하하호호 웃으며 의자에서 일어서자 그가 샵으로 들어온다. 9시. 조금 늙고 많이 낡았지만 형형하고 고집 센 눈빛만은 그대로인 그와 눈이 마주친다. 앉지도 서지도 못한 채 다른 곳만 보는 그에게 다가가 인사를 건넨다. 오셨어요. 아침에 안 추웠어요? 커피 한 잔 드릴까? 좀 이따 저기 안쪽으로 들어오시래요. 자리를 살피고 공간을 만들어 말을 건네자 그의 얼굴이 눈에 띄게 편안해진다. 그래. 잘 지냈니? 네 별일 없어요. 놀라우리만치 대화는 평온하다. 익숙하다. 서로가 모르게 놀란다. 헤어드라이어 두 대가 동시에 돌아가고 신부와 신랑이 다정히 마주 보며 웃는다.

엄마가 옷을 갈아입는 동안 나는 그의 옆에 앉는다. 아픈 데는 없고요? 그래. 안 아파야지. 슬쩍 내 손을 잡으며 말한다. 그 손의 촉감이 낯설지 않다. 손이 여전히 차네. 네 그러게요. 잡은 손보다는 잡은 손이 어색하지 않다는 사실에 더 놀란다. 손끝을 살짝 말아 반응한다. 너는 만나는 사람 없니? 저기 서 있는 사람이 제 짝이에요. 아셔야 할 거 같아서. 결혼 생각은 없어요. 잠시 그쪽에 눈이 머물더니 고개를 끄덕이고 만다. 그는 더 묻지 않는다. 나는 입을 꼭 닫는다. 기골 장대한 남성인 애인의 존재를 구태여 먼저 확인시키고야 만다. 스스로의 상냥함과 치졸함에 치가 떨린다. *더는 나를 예의 방식으로 위협할 순 없어.* 딸내미를 연기하면서 딸의 언어로 미래에 있을지 모를 위험을 방어한다. 딸내미의 얼굴을 한 채 감히 딸의 원죄로부터 탈출하려 든다. 어떤 아들의 외형을 멋대로 방패 삼아. 그런 스스로를 감각하고 버티는 것까지가 오늘의 내 몫이다. 반듯한 새 정장과 방금 받은 메이크업 뒤로 다 숨길 수 있으리라 믿으며.

이날만큼은 모두 미뤄둔다. 박살 난 정상가족의 변죽 좋은 웃음은 관중의 존재로 완성된다. 다 아는 사람들도 다 모른 척해준다. 사람들은 나란히 서 있는 엄마와 아빠에게 웃으며 다가가 먼저 오른손을 내민다. 축하한다는 말 뒤로 많은 역사를 숨기고 숨겨준다. 동생도 엄마도 아빠도 나도 최선을 다해 웃어 보인다. 웃음 뒤로 많은 것들을 숨겨두어도, 그게 다 가식이어도 이해할 수 있고 이해받을 수 있다. 이 가족과 저 가족이 한 공간에서 좋은 옷을 입고 괜찮은 가면을 쓴 채 예쁜 말만 골라 하기로 합의된 곳. 그렇게 두 사람이 사랑이란 명목 하에 제도에 편입되기로 선택했음을 선포하는 자리. 그 선언을 응원하고 박수치는 곳.

 잠시 의식의 버튼을 끈다. 제도의 불합리성, 끝나지 않는 이 가족의 위선, 단 한 번도 끝난 적 없는 사건, 모든 것이 산뜻한 시작인 듯 연기하는 모두. 장면을 구성하는 것들이 순간 아득하게 멀어진다. 그것들에 사지가 묶여 찢어지는 내가 있다. 그것을 견디기로 마음먹는 내가 거기에 있다. 번듯이 웃는 와중 홀연히 어지러울 때 잠시 암흑 속에 머리를 파묻는다. 그 잠깐에 나는 되뇐다. *이것은 나의 사건이 아니다. 이건 나의 것이 아니다. 이건 나의 이야기가 아니다.* 이것은 동생의 이야기이고 나는 기꺼이 동생이 원하는 대로 이곳의 시간을 유인하기로 한다. 단 몇 시간만큼은 기꺼이, 사람들이 기대하는 누나가 되기로 한다. 엄마와 아빠 사이에 서서 환히 웃는다. 친척들에게 해맑게 안부를 묻는다. 너는 시집 안 가니 하는 말에 저 같은 걸 누가 데려가요 하고 답한다. 하하 호호 성격 좋고 반질한 누나가 되기로 한다. 예식장의 환한 조명 아래 매끈히 발린 파운데이션이 내 얼굴을 잘 숨겨주고 있음을 안다. 그러라고 동생이 사 준 옷을 입고 자리를 지킨다. 손님을 챙긴다. 그들을 궁금해한다. 나는 기꺼이 그러기로 한다. 캐릭터를 놓아주지 않기로 한다. 광대가 아프도록 웃어 보이다 잠깐 어지러워 화장실 변기 위에 앉아 눈을 감는다. 멀찍이서 고성과 욕설이 들린다. 5년 전 우리가 지나온 시간이다. 그와 나의 분노가 눈을 찌를 듯 생생하다. 목과 팔에 열이 오른다. 찬물로 손을 씻고 호흡을 고른다. 물기를 털고 다시 식장 홀로 향한다. 머리 위로 사회자의 선명한 음성이 엄습한다.

잠시 후 예식이 시작될 예정이오니
하객분들께서는 자리에 착석하여 주시기 바랍니다 …

**

식이 끝나고 다들 애매한 얼굴로 식장 앞을 서성였다. 정말 고생하셨어요. 너희도 고생했다. 그래 얼른 공항으로 가. 건강하시고요. 앞으로 잘 부탁드립니다. 아이 무슨 말씀을요. 저희가 더 잘 부탁드립니다. 조심히 들어가세요. 네네. 신혼여행 잘 다녀와. 선물 사오지 말고 너희 잘 놀다 와. 진짜 연락도 하지 마. 어? 아휴 그래 굳이 사 올 거면 좋은 거 사 오고. 아님 됐어. 연락하지 말고 푹 쉬다 와.

여자들이 그런 말을 하는 동안 나의 아빠는 웃지도 울지도 못한다. 연신 두 손을 비비며 나와 엄마의 정수리 정도만 번갈아 쳐다본다. 그걸 느끼며 나는 계속 웃는다. 침을 한 번 삼키고는 용기 내 그의 눈을 본다. 조심히 가세요 아빠. 갈게요. 그래. 들어가라. 꾸벅 인사를 한 뒤 뒷말이 묻은 눈을 피해 엄마와 애인과 한 차에 탄다. 다섯 개쯤 기둥 너머에서 아빠가 차에 타는 소리가 들리고 엄마와 나는 한숨을 내쉰다. 여러모로 고생 많으셨어요 두 분. 애인의 인사에 엄마와 나는 얼른 아이스 아메리카노나 한잔하러 가자고 재촉한다.

다 숨기고 잘 보여낸 뒤 돌아가는 차 안에서 우리 셋은 긴장을 광고라도 하듯 초마다의 감상을 떠든다. 두서없이 쏟아내는 말들 사이로 오랜만에 만난 고모들이 보낸 카톡 메시지가 차례로 들어온다. 엄마 아빠 사이랑 너네는 별개야. 어려워 말고 연락하고 지내자. 무척 따뜻하고 그보다 더 어려운 말들. 예쁜 말을 골라 공손히 답한 뒤 카톡 창을 나오려는데 새 친구 목록이 반짝인다.

그가 카톡 차단을 해제했다. 친구 목록의 반짝임이 무엇을 기대하는 것인지 너무나 잘 안다. 말했잖은가. 나 그를 모르기엔 평생동안 그를 이해하려 애써왔다. 그러지 않으면 살 수 없었다. 그러니 나 그를 이해할 수 있다. 그가 그 자신을 이해한 것보다 더 잘. 종갓집의 둘째 아들, 피부에 큰 흉터가 있다는 이유로 연신 상처를 받아 온 사람, 고압적인 집안에서 자신의 이야기를 들어주는 이 아무도 없었던 사람, 맨박스에 갇혀 줄곧 외롭고 고독했던 사람, 기댈 곳 없어 처절히 부유했던 사람, 때문에 남들이 한다는 건 다 하고 싶어 갖은 흉내만 내던 사람 그리고 또….

그러나 나는 이 이해를 더는 전처럼 무기삼지 않기로 한다. 선해하고 다독이는 데 이용하지 않기로 한다. 잘 아는 만큼 잘 피하기로 한다. 그를 친구 목록에서 숨긴다. 그의 신호를 위반한다. 배반한다. 길을 잘못 들었다는 애인의 말에 엄마와 나는 앞다퉈 괜찮다고 말한다. 아까의 이야기로 돌아가 새 된 목소리로 이야기를 잇는다. 어휴 근데 우리 애들 진짜 예쁘더라. 신혼여행 어디로 간다고 했지? 좋겠다. 나 결혼 말고 신혼여행만 가면 안 돼? 이미 다 쉬어버린 목소리로 끈질기게 말을 잇는다. 했던 말을 수십 번 반복한다. 토해지는 말에 무게가 있는 것처럼. 그 무게로 이 모든 것들을 더 멀리, 아주 멀리 밀어낼 수 있다고 믿는 사람처럼. 멀어진 일이라면 다 지난 추억이기만 한 것처럼.

뒤에 따라올 장면으로부터 우리는 여전히 도망 중이다.

희석

주민등록상 이름은 '안희석'이지만, 태어나자마자 강제로 부여받은 부계의 성을 좋아하지 않는다. 이에 행정 서류가 아닌 곳에는 '희석'만 쓰고 있다. 신문사와 시청과 기업과 정당 등에서 글을 쓰며 생활비를 벌었고, 이제는 이 책의 발행처인 독립출판사 '발코니'를 운영한다.

『도망치듯 사랑을 말한다면』을 비롯한 여러 책을 썼고, 매주 금요일 아침 8시엔 이메일로 「희석된 일주일」을 발송한다.

죽어서도 외로우소서

친부가 죽었다. 여름이었다.

'안녕하세요. ○○요양병원입니다. 안인상 님 사망하시어,
무연고 처리 위해 연락드립니다.'

병원 원무과 원무부장의 문자 메시지였다. 전화를 걸었다. 진짜로 죽었다고 한다. 그렇구나. 죽었구나. 마침내. 엄마와 동생이 있는 메시지 방에 소식을 알렸다. 숫자가 하나씩 줄었다. 엄마가 답장을 보냈다. '그래… 가는구나.'

만 33년 동안 엄마와 동생과 나의 삶을 괴롭게 했던 안인

상 씨는 그렇게 죽었다. 나의 바람대로 외롭고 처절하게 홀로 병실에서 말이다. 원무부장에게 전화했다. 사망 시각과 정황을 보고받았다. 원무부장은 조심스럽게 물었다.

"예전에 무연고 처리를 말씀하셨는데 그렇게 할까요?"
"네, 부탁드립니다."

친부 안인상 씨는 그렇게 무연고, 시신을 거둬줄 사람 없는 채로 공영 장례식장에 건너갔다. 병원과의 통화가 끝난 후 이번엔 안인상 씨 사망지 관할 구청에서 전화가 왔다. 무연고 장례가 확실한지 물었다. 확실하다고 했다. 사유는 이미 예전에 제출한 가족해체 사유서에 표기돼 있을 거라고 말하니 알겠다는 답을 받았다. 이제 가만히 기다리면 되는 걸까. 이미 무연고 처리했던 사람들의 경험담이 궁금해 인터넷에 검색하는 동안 전화가 또 울렸다. 모르는 번호. 일단 받지 않았다. 벨이 몇 번 울리더니 꺼졌다.

전화번호를 스마트폰에 '누군지 모름'으로 저장하고 카카오톡을 열었다. 친구 목록에 새로운 친구가 등록됐다는 빨간 점이 보였다. '누군지 모름'의 프로필 사진을 눌렀다. 안인상 씨의 누나 안경연 씨였다. 아마도 안인상 씨의 사망과 무연고 처리 소식을 들었겠지. 답답하면 알아서 메시지라도 보내겠거니 싶어 따로 연락하지 않았다. 역시나 두 번의 연락은 없었다.

전후 맥락 없이 위와 같은 사실만 나열한다면 나는 세상이 말하는 그 '불효'를 저질렀다. 아버지가 죽었는지 살았는지 다 알면서, 거동이 불편하지도 않으면서, 단 한 번의 고민도 없이 무연고 장례로 넘겨버렸으니 말이다. 그러나 아무리 나에게 손가락질이 쏟아진다 하더라도 나는 안인상 씨의 장례를 자식으로서 치러주기 싫었다. 그는 죽는 순간뿐만 아니라 죽은 후에도 영영 외로워야 마땅하니까.

어렸을 때 친구들끼리 말했다. 귀신 이야기를 하면 그 귀신이 찾아와서 자기 이야기를 듣는다는 말. 그렇다면 지금쯤 지옥에 떨어졌거나 극락왕생에 실패해 구천을 떠도는 안인상 씨도 귀신이 되어 내 모니터 속 원고를 한 글자씩 읽고 있겠지. 이렇게 생각하니 더 흥미진진하다. 본격적으로 신나게 한 번 써볼 테니 잘 읽어보시라.

*

아마도 나는 최연소로 룸살롱에 가본 한남이 아닐까 한다. 아주 어릴 때, 그러니까 혼자 걸을 수는 있을 정도의 유아기 때 나는 엄마의 등에 업혀 룸살롱에 갔다. 목적은 하나였다. 며칠째 집에 들어오지 않는 안인상 씨를 찾으러.

1990년 초반 당시 안인상 씨의 누나 안경연 씨는 우리 집에 전화를 걸었다고 한다. 그리고 엄마에게 "니 남편이 어디서 노는지도 모르나?"라며 룸살롱 이름과 주소를 알려줬다. 이유야 뻔했다. 안인상 씨의 다섯 남매는 서로를 헐뜯는 것으로 자신의 가치를 입증하는 말종들이었기에 이런 기행은 하루이틀이 아니었다. 결국, 엄마는 한밤중에 나만 혼자 둘 수 없어서 나를 들쳐 업고 룸살롱을 향했고, 안인상 씨는 바지를 반쯤 내린 채 우리를 맞이하며 쌍욕을 했다. 지금으로부터 30년도 지난 이야기이지만, 나는 당시의 분위기는 기억하고 있다. 구체적 이미지는 없어도 왁자지껄한 소리와 술담배 냄새, 매캐한 공기 등이 내 머릿속을 채우고 있다. 이 정도만 밝혀도 안인상 씨의 인생이 어떤 식이었는지 누구나 짐작할 것 같다. 불륜, 폭력, 폭언은 세트 메뉴처럼 갖춘 그였다.

시간을 여러 번 접어 내가 20대 중반이 되고 동생이 대학입시를 앞두고 있을 때, 안인상 씨는 일생일대의 위기를 맞는다. 그동안 그가 만났던 불륜 상대자에게 번호를 부여한다면 한 12번쯤? 되는 여자와 밀월여행을 떠났다가 나와 엄마에게 발각된 것이다. 거실 노트북에 자신의 카카오톡 계정이 로그인 된 것도 모르고 12번 여자와 다정하게 메시지를 주고받는 중이었다. 타지에 출장 간다던 사람이 풀빌라 예약 상황을 공유하고 숙소 근처 야시장 정보를 나누는 등 대단히 즐겁고 정다웁게 이야기했다. 12번 여자의 "나 지금 주차장 구석에 있어"라는 메시지 후에는 추가 대화가 없었다. 몇 시간 뒤, 두 사람이 풀빌라에서 수영을 즐기는 사진들이 대화창에 수십 장 업로드됐다. 마치 우리가 누군가와 함께 여행할 때, 그날 찍은 사진을 공유하듯이.

이 상황을 본 나는 그대로 사설 탐정 사무소에 전화해 안인상 씨 추적을 요청했고, 카드론으로 300만 원을 대출해 의뢰비를 입금했다. 정확히 24시간 후, 사무소에서는 현장 증거를 나에게 모두 보냈다.

그때부터는 지난한 싸움이었다.

흔한 레퍼토리들. 바람이 아니다, 사정이 있다, 이게 오해가 있다 등이 이어지다가 가구를 부수고 사람을 부수고 비명이 오가고 누군가 다치는 그러한 상황들. 이걸 1년 동안 매일 했다. 그 1년 동안 안인상 씨는 일을 그만둔 채 안방에 자기만의 1인가구 살림을 차리기 시작했다. 안방 문 하나를 두고 우리는 두 집 살림처럼 살았다. 식사도 취침도 모두 안방 문을 경계로 각자 이뤄졌다. 어느 날은 너무 답답해서 안방 문을 내가 먼저 열고 들어갔다.

"아버지, 계속 일 안 하고 그냥 계실 거예요?"
"내가 뭐."
"뭐긴요. 아무것도 안 하고 계실 거면 나가세요."

"아버지한테 그게 할 소리가?"
"아버지는 무슨 웃기고 있네."

 방문을 닫고 나왔다. 그가 다시 나올 거라 생각했는데 안에서 흐느끼는 소리가 들렸다. 안인상 씨는 자기가 불리하다 생각하면 소리를 지르거나 갑자기 우는 척하는 인간이라 '또 시작이네' 싶었다. 나는 방문에 대고 들으라는 듯 말했다.
 "잘못을 했으면 반성을 해야지 미친 새끼가!"
 안인상 씨는 과거에 자신의 팔이 부러질 때까지 패던 자식이 이렇게 나올 줄 몰랐던 것 같다. 아무 말도 없이, 아무런 일도 없이 그 밤이 지나갔다. 솔직히 죽거나 살거나 둘 중 하나는 매듭지으려 했던 나로선 허무했다.
 그 후 그는 먼저 집을 나갔다. 물론 그냥 순순히 나간 것은 아니다. 집을 담보로 8천만 원을 대출해주면 나가겠다고 했다. 미쳤냐고 꺼지라고 했으나 그는 꺼질 곳이 또 그 안방뿐이어서 앞으로도 영영 안방에서 살겠다고 했다. 계속 안방에서 냉장고 식재료 다 파먹고 술 마시고 노래 부르고 바닥에 오줌도 지리며 늙겠다고 했다. 지난 1년을 그랬듯이.
 냉정하게 말해 그를 제거할 방법은 집을 담보로 대출을 받아주거나, 살인하는 것밖에 없었다. 아무리 그래도 내 인생 망치며 살인은 할 수 없으니 엄마, 동생과 함께 며칠 동안 논

의해 대출을 받아줬다. 안인상 씨는 그 돈을 들고 엄마와 이혼 후 12번 여자와 새살림을 차렸다.

*

연을 끊고 살았다. 아니, 나는 그렇게 믿었다. 그러나 안인상 씨는 연이 이어져 있다고 믿었나 보다. 집을 나간 지 몇 년 후 다정하게 연락해오기 시작했다. 12번 여자와 헤어진 상태였다. 만나자는 말에 안 만나겠다고 했더니 엄마에게 전화하고, 엄마한테 전화하지 말라고 했더니 자기를 왜 이토록 다들 미워하냐고 물었다. 진심이었다. 정말로 안인상 씨는 자기가 무엇을 잘못했는지 모르고 있었다.

그렇게 몇 년을 와라, 안 간다, 만나자, 안 만난다 등의 말이 오가니까 안인상 씨는 "됐고 모르겠고 나는 다시 그 집 가서 살 거다"라는 헛소리를 시작했다. 실제로 본가 앞까지 찾아오기도 했다. 잘 구슬러서 멀리 떨어뜨려 놓는 방법밖에는 없어서 나만 계속 연락을 이어갔다. 안전이별을 위해선 이 방법이 최선이었다. 12번 여자와 헤어진 후 안인상 씨와 딱 한 번 식사할 뿐 더 이상의 만남은 없었다.

아, 안인상 씨의 아버지가 죽었을 때 장례식장에서 보긴 했다. 나에겐 '친할아버지'라 불리는 인간이다. 그 인간도 안인상 씨와 별다를 것 없는 인간이었다. 나는 장례식장에서 일부러 술을 벌컥벌컥 빠르게 마신 후 안인상 씨 앞으로 휘적휘적 걸어갔다. 그에게 행복하냐고, 아주 행복해 죽겠냐고 물었다. 12번 여자 어디가 그토록 좋길래 잘못했다는 말 한마디 없이 몇 천만 원 두둑하게 땡겨서 갔냐고 웃으며 이야기했다.

안인상 씨가 나를 때렸던가? 정확히 기억은 안 나지만 아무래도 맞진 않았던 것 같다. 다음날 지인들에게 물어보니 안인상 씨는 한숨 쉬며 고개만 테이블에 박고 있었다고 했다. 행복했다. 자기 아버지 장례식장에서 자기 아들에게 모욕당하는 안인상 씨라니! 뿌듯했다. 맞다. 나는 천하의 불효꾼이다.

자승자박이라는 말도 있지 않던가. 나는 그가 단순히 불륜만 저질러서 그렇게 구는 게 아니었다. 냉정하게 말해 불륜은 사실 나의 엄마와 안인상 씨, 두 사람 사이의 문제라고 보는 게 더 정확하다. 그러나 안인상 씨는 12번 여자와의 불륜이 발각된 후 '세상에 이런 말종이!' 싶을 정도로 역겨웠다. 만약 지금 내 글을 귀신이 된 안인상 씨가 실시간으로 보고 있다면 다음과 같은 것들을 묻고 싶다.

- 8천만 원에 대한 대출 원리금을 왜 당신이 아닌
  내가 평생 갚게 하는가?
- 12번 여자와 새살림 차린 후, 내가 생활비가 부족해
  20만 원만 빌려달라고 했을 때 왜 욕부터 했는가?

- 12번 여자와 헤어진 후에 다정하게 연락하면 우리가 마치 돌아온 아버지를 대하듯 반겨줄 줄 알았는가?
- 멀쩡한 집에 살고 있으면서 "아빠는 요즘… 고시원에서 살아…" 하고 거짓말하면 내가 믿어줄 것 같았는가?
- 옛날이야기 구차하지만 정말로, 무슨 이유로 팔이 부러질 때까지 갑자기 나를 패기 바빴는가?

*

안인상 씨는 이후 갑자기 죽었다. 구체적인 상황은 내가 쓴 다른 책 『도망치듯 사랑을 말한다면』(희석, 발코니, 2025)에 기록했으니 간단히만 요약하자면, 자기 혼자 술 마시다가 발을 헛디더 길거리에 쓰러졌고 후두부 손상을 입어 숨만 붙어 있다가 요양병원에서 죽었다.

어느 봄날 안인상 씨 번호로 또 전화가 오길래 받지 않았다. 두어 차례 안 받으니 문자 메시지가 왔다. 119 구급대원이라고 했다. 진짜인가 싶어 전화했더니 진짜였다. 비오는 월요일 오후 1시였는데, 부산대학병원으로 이송 중이었다. 평소 지병이 있는지, 먹는 약은 있는지 구급대원이 물어보는데 아무런 답도 할 수 없었다. 얼굴 안 보고 산 지 오래라고 하니 알겠다고 했다. 대신 가족 중 한 명이 병원으로 빨리 와야 한다고 했다. 의식이 미약하다고 했다. '드디어 죽는 건가요?!'라는 말을 꾹꾹 참으며 여러 가지 안내 사항을 전달받았다.

당시 나는 부산에 살지 않고 진주에 있었기에, 당장 보호자로 등록 가능한 동생이 대신 병원으로 갔다. 동생도 자기 의사가 전혀 없었으나 일단은 가족 연락이 닿았으니 가야 했다.

우리는 응급상황에 가족이 마땅히 응하지 않으면 부양의무 등을 이유로 처벌받는 줄 알았다. 병원에 도착한 동생은 의료진과 구급대원들의 경멸적인 시선을 받아야 했다. 자기 아버지가 쓰러졌는데도 슬퍼하지 않는 모습에 의료진이 대놓고 고개를 갸웃거리기도 했다고 한다. 수술동의서에 사인을 하라며 다그쳤다. 동생은 아직 사회 경험이 적었다. 이 모든 상황을 갑작스럽게 맞은 탓에 의료진의 지시대로 행동했다. 그렇게 5분 만에 안인상 씨의 모든 수술과 입원에 따른 비용은 동생이 책임지는 구조가 됐다.

안인상 씨는 수술 후 한 달간 부산대학병원에 누워 1,200만 원을 쌓았다. 안인상 씨는 12번 여자와 헤어진 후 제대로 된 일자리를 찾지 않아 겨우 자기 집 월세 정도만 내는 돈뿐이었다. 8천만 원의 대출금은 이미 12번 여자와의 유흥에 쓰고 없었다. 아무도 병원비를 지출하지 않으면 안 되는 상황에 나는 원망스럽도록 멀쩡히 살아있었다. 1,200만 원은 고스란히 내 통장에서 빠져나갔다. 어쩔 수 없었다. 뒤늦게 법률 자문을 전문 기관에서 구해봐도 서명이 존재하는 이상 의료소송으로도 이길 수 없다고 했다. 혹시나 이 글을 읽는 누군가도 우리와 비슷한 상황에 빠진다면 절대로 서명하지 않길 바란다. 그동안 연을 끊고 살았던 상태를 증명할 수 있다면, 힘껏 외면하고 도망치시길 바란다.

다행히 안인상 씨의 병원 생활은 더 길지 않았다. 그는 대학병원에서 요양병원으로 이송된 후 약 두어 달 만에 죽었다. 약 1억의 마이너스를 나와 동생과 엄마에게 남기고 갔다. 장례식 비용까지 더 내기 싫었다. 무연고 처리를 일찍이 요양병원에 부탁했고, 일사천리로 진행됐다.

그의 유골은 지금 어느 납골당에 안치돼 있는지 나는 모른다. 찾으려면 찾을 수 있겠지만 굳이 싫다. 안인상 씨도 내가 모르길 바랄 것이다. 유골함 뚜껑을 열어서 식칼이라도 푹 찔러두려는 내 마음을 알고 있을 테니까.

*

안인상 씨 사망 후 보험공단에서 전화가 왔다. 안인상 씨가 사고 당시 어느 건설회사에 소속돼 있던데, 산재 신청이 가능할지 알아보라는 것이었다.

아무리 생각해도 이상해서 내가 다시 물었다.

"선생님 그런데 소속이 돼 있어도 사고 장소가 자기 살던 집이더라고요. 직장은 아니니까 산재가 어렵지 않을까요?"

"그래도 월요일 오후 1시였잖아요. 보통 다들 일하는 시간인데 정황이라도 알아보시고, 산재 신청이 만약 가능하면 병원비를 어느 정도 보전받을 수 있어요."

설명을 들어보니 그것도 틀린 말은 아니었다. 월요일 오후 1시에 술을 마시다가 사고를 당해서 죽는다? 아무리 비상식적인 인간이었어도 뭔가 이상하긴 했다. 대학병원에 전화하니 사고 경위는 구급대원 기록을 바탕으로 하는데, 이건 병원에서 확보하지 못하고 자녀가 직접 해야 한다고 했다. 정보공개 포털에서 안인상 씨 구조 기록을 요청하고, 내 신상 정보를 증명서로 제출했다. 얼마 걸리지 않아 도착한 구급상황일지에는 다음과 같은 기록이 있었다.

> 길에 사람이 쓰러져 있다고 최초 신고 접수. 현장 도착하니 급자 골목길 콘크리트 바닥에 대자로 뻗어 누워 있었음. 의식은 있고 대화 약간 가능. 두부 위쪽 열상 2~3㎝, 하지 감각 및 운동 반응 없음. 급자 말에 의하면 봉고차 트렁크에서 음주 중 미끄러졌다고 함.

기록과 당시 전화로 건네받은 상황을 조합하면, 비 오는 날 봉고차 트렁크를 활짝 열어 놓고 트렁크에서 술을 즐기다가 다 마시고 내리는 중에 발을 헛디뎌 척수랑 연결된 뒤통수가 깨진 것이다. 참 그답다 싶었다.

안인상 씨 남매들마저 그의 장례나 사후 절차를 챙겨주지 않았다. 앞서 말했듯이 그들은 서로를 시기하고 증오하며 상대를 헐뜯는 것으로 '살아있음'을 느끼던 사이다. 당연히 동생과 내가 병원비로 큰 금액을 지출했다는 걸 다 알면서도 일절 연락 없었고, 안인상 씨의 거취와 관련한 논의도 전혀 하지 않았다. 무연고 장례 직전 전화 온 이유는 뻔했다. 장례식을 한다, 조문객이 올 것이다, 부조금이 생긴다, 이걸 어떻게 한 푼 뺏을 수 없을까 등의 목적으로 내게 전화했을 그들이다. 세상에 이런 가족이!

안인상 씨는 결국 철저히 외롭게 죽었다. 바라던 바다. 죽음이 외로웠다면 죽음 이후라도 좀 괜찮아야 할 텐데 그럴 일은 없다. 동생도 나도 엄마도 그를 추모하지 않는다. 얼마 전 본가에 있는 창고 속 짐 몇 가지를 정리하다가 그의 군복무 시절 '전역 기념 사진집'이 구석에 있는 걸 발견했다. 펼쳐보지도 않고 곧바로 종량제 쓰레기봉투에 넣어 집 바깥에 내놓았다. 안인상 씨의 다른 사진들은 삭제한 지 오래이며, 인화한 옛날 가족사진들은 안인상 씨만 도려낸 상태다. 그를 기억하고 그리워하고 안타까워할 사람은 단 한 명도 없다. 심지어 직장에서도 남 험담만 이어가는 탓에 기피 인물이던 안인상 씨. 한 번뿐인 인생을 그런 식으로 살아온 것에 대한 업보를 잘 받길 바란다.

죽을 때도, 죽어서도, 앞으로 영원히 당신은 외로워야 한다. 외롭고 처절하게 울부짖다가 저승의 시간마저 무기력하게 보내길 바란다. 나는 다짐한다. 당신의 유골이 안치된 곳을 죽을 때까지 찾지 않겠다. 당신을 추모하지 않고 당신의 죽음을 영원히 비웃겠다.

외로우소서.

영영, 죽어서도 외로우소서.

최열무

열무란 어린 무라는 뜻이며 여린 무에서 유래됐다. 우리가 흔히 열무김치로 먹는 열무도 꽃이 핀다고 한다. 제때 수확하면 맛있는 열무비빔밥, 열무국수를 해먹을 수 있는 열무가 되고, 수확 시기를 놓치면 네 개의 꽃잎에 흰색과 엷은 보랏빛이 도는 열무 꽃이 된다. 꽃이 핀 열무는 퇴비로 쓰거나 열무 꽃에서 나온 씨앗을 수확해 파종한다. 꽃이 핀 열무도 먹을 수는 있지만 질기고 맛이 좋지 않아 대부분 먹지 않는다. 맛있는 열무비빔밥과 열무국수를 먹으려면 열무를 제때 수확해야 한다.

열무 꽃 필 무렵

인생 첫 기억을 누군가 묻는다면 어떻게 답할 수 있을까. 아마도 일단 다섯 살이었던 것 같고 추석인지 설날인지 아빠 제삿날 중 하나였을 거다.

어른들은 전을 부치고 있고 그 옆에서 사촌들과 음식들을 집어 먹고 있는데 현관문이 열리며 어떤 '아줌마'가 들어왔다. 내가 모르는 친척인가? 생전 처음 보는 긴 생머리의 아줌마는 자신을 이렇게 소개한다.

"열무야 엄마야."

그 말을 듣는 순간 왠지 무서워서 할아버지 뒤에 숨어서 울어버렸다. 이게 내 인생 최초의 첫 기억. 좋은 기억은 아니다.

나의 가족은 할아버지, 할머니, 나 이렇게 셋이다. 아빠는 내가 더 어릴 적에 하늘나라에 가셨다고 들었다. 그리고 아빠 덕분에 1년에 몇 번 맛있는 음식을 잔뜩 차려놓고 먹는 날이 있곤 했다. 바로 아빠의 제삿날. 아빠의 얼굴은 네모난 액자 속에서, 앨범에서 본 적 있다. 나는 전혀 기억 나지 않지만 얼마 안 되는 몇 장의 사진 속에 아빠와 내가 함께 있는 모습이 있다. 하지만 앨범 속 그 어디에도 '엄마'라는 피사체는 그림자조차도 보이지 않았는데 어느 날 갑자기 어떤 '아줌마'가 엄마라면서 나타났다.

내 친구들은 엄마가 있었다. 내가 큰 엄마, 고모라고 부르는 사람들 역시 내 사촌들에겐 '엄마'로 불린다. 할머니도 나에겐 할머니지만 고모들에겐 엄마다. 엄마라는 단어, 엄마라는 게 무엇인지, 어떤 사람인지 유치원에서 배우긴 했을 거다. 하지만 나와는 상관없고 나에게 없는 것. 그저 무언가에 놀랐을 때라든지 본능적으로 나오는 "엄마야!" 같은, 나도 모르게 내뱉는 감탄사 정도가 나에게 있어 '엄마'라는 존재였다. 그래도 나도 여느 아기들처럼, 내 입에서 최초로 나온 단어는 '엄마'였지 않을까.

아빠는 하늘나라에 가서 내 곁에 없는 거라고 알고 있었지만, 지금 생각해 보면 '엄마'가 '왜 없는지'에 대한 이유는 몰랐던 것 같다. 아니, 가만 생각해 보면 어렴풋이 날 버리고 갔다라고 들은 것 같기도 한데 사실 잘 모르겠다. 기억하기 싫었는지도. 아무튼 다섯 살까지의 내 사전엔 없는 단어가 눈앞에 나타난 것이다.

    그날부터 나에게도 내 친구들, 사촌들, 큰아빠, 작은아빠, 고모들도 다 가진 엄마라는 존재가 생겼다. 무서워서 할아버지 뒤에서 엉엉 울었던 게 무색하게 어느새 아줌마와 나름 친해졌고 아줌마는 인형도 사주고 옷도 사주고 맛있는 것도 사주고 가끔 날 데리고 놀러 다니기도 했다. 어느 날은 유치원에서 친구와 얘기를 나누는데 친구가 이렇게 물었다. "너네 엄마는 사달라는 거 다 사줘? 쥬쥬의 이층집도 사줘? 초등학생 되면 용돈 얼마 준대?" 여기에 나는 "응, 우리 엄마는 해달라는 거 다 해줘. 용돈은 만 원은 주지 않을까!" 라고 해맑게 대답한다. 이때까지는 갑자기 나타난 아줌마는 나에게 모든 것을 다 해주는 사람일 줄 알았다. 가족 구성원 란에 할아버지, 할머니, 그리고 내 친구들은 원래 다 가지고 있던 '엄마'가 있다고 쓸 수도 있게 되었다.

    이후 초등학교 저학년 때였다. 친한 삼촌이 집에 놀러와 날 데리고 집 근처 중국집에 가서 짜장면을 사줬다. 배달 음식이나 외식이 지금보다 드물던 시절이라 짜파게티가 아닌 짜장면은 특식이었다. 맛있게 짜장면을 먹고 있던 내게 삼촌이 이렇게 말한다.

"열무야… 엄마가 결혼을 했대."

엄마가 결혼을 했단다. 결혼이란 사랑하는 사람들이 턱시도가면 같은 옷과 웨딩피치 같은 드레스를 입고 사람들의 축하를 받고 아기를 낳고 엄마, 아빠가 되는 것이라고 알고 있었다. 엄마는 이미 엄마이며 나를 낳았는데 아빠가 아닌 누구와 또 결혼을 한 걸까.

나는 외동이다. 그런데 갑자기 동생도 생겼단다. 별안간 내 인생에 나타난 아줌마에게도 겨우 적응했는데 갑자기 웬 아저씨가 나의 아빠가 되고 동생은 또 뭔가. 즐겨 보던 만화가 끝나버린 것처럼, 산타 할아버지가 없다는 걸 알았을 때처럼 충격이었다. 짜장면을 먹던 열무는 어느 날 웬 아줌마가 나타나 엄마라고 했을 때만큼이나 겁에 질리고 서러워 엉엉 운다. 그리고 왜 이런 소식을 아줌마에게 직접 듣지 않고 타인으로부터 전해 듣게 되었는가. 그날이 만우절이었으면 좋았을 텐데. 삼촌이 "열무야 사실은 뻥이야! 하하하!" 하고 말해줬으면 좋았을 텐데.

아줌마가 결혼을 했든 말든 원래 같이 살던 것도 아니었고 나는 내 가족과 함께 살았다. 가끔 병아리나 햄스터 같은 식구가 생기곤 했지만 할아버지, 할머니, 나 이렇게 세 명이라는 것은 변함이 없었다. 아줌마는 혼자 살다 결혼 후 새 가족들과 살았다. 나는 방학 때나 가끔씩 그 집에 놀러가곤 했다. 근거 없는 소문이었으면 좋았겠지만 너무나도 선명하게 현실이고 사실이었다. 그나마 다행인 건 그 애들은 나와 고향이 같지 않았다. 아줌마의 배에서 나온 게 아닌 그 아저씨와 아저씨의 전 부인 사이에서 생긴 생명체였다.

"기죽지 마."

아줌마가 나한테 자주 했던 말이다. 일반화는 아니고 그저 성향에 따라 다른 것일 뿐이지만, 아무래도 할아버지 할머니 밑에서, 사전적 의미의 부모가 없이 자라서 그리 밝고 활발한 성격은 아니었다. 그런 내가 걱정이 되었는지 아줌마는 만날 때마다 기죽지 말라고 했다. 그럴 때마다 난 어리둥절했을 뿐이었다. '이 아줌마가 무슨 소릴 하나' 하고 생각했다. 어린 나는 기죽는다는 게 무엇인지 조차도 몰랐기 때문이다. 하지만 별로 좋은 말은 아니란 것 정도는 느낄 수 있었다. 그저 "응"이라고 대답했고 난 늘 기죽은 아이가 되고 말았다. 기죽지 말라는 말은 나에게 '죽어'라는 말로 번역되어 그 말 때문에 기가 죽을 지경이었다. 그런 말보다 차라리 "사랑해"라고 해줬더라면. 사랑해 양파처럼 싱싱하게 밝게 잘 자라지 않았을까. 나는 미워해 양파처럼 시들해져갔다. 미워해 열무가 되어갔다. 난 아무렇지 않은데 알지도 못하면서 그저 위로랍시고 건네는 말

같고 날 불쌍하고 가엾게 여기는 것 같은 불쾌한 말이었다. 그런 생각이 들게 만든 게 누군데. 정말 기죽은 아이라고 해도 그 한 마디로 기가 사는 것도 아닌데. 아줌마는 아마 "기죽지 마 열무야! 엄마가 있잖아"라는 의미로 말했겠지만 차라리 평생 엄마란 걸 모르고, 없던 채로 살았으면 좋았겠다.

열아홉 살 어느 날 아줌마에게 정신 병원에 같이 가달라고 했다. 돌아온 대답은 "할아버지랑 가." 나는 힘들게 꺼낸 말인데 귀찮다는 듯이, 왜 굳이 자기가 같이 가야 되냐고 하는듯한 태도. 내가 왜 아줌마에게 병원을, 그것도 정신 병원을 같이 가달라고 했을지에 대해선 조금도 생각하지 않는 것 같았다. 나는 그래도 당시엔 '엄마'니까 말한 건데. 엄마가 있으니까 기죽지 말라고 해놓고선 정작 내가 힘들 땐 있어주지 않았다.

뭐 물론 열아홉 살이면 혼자서도 충분히 병원에 갈 수 있을 나이지만 치과에 가는 것만큼 무섭고 병원비가 얼마가 나올지도 모르는 데다 혼자 갈 자신도 없었고 어떻게 할아버지에게 정신 병원에 같이 가달라고 말할 수 있겠는가. 절대 입이 떨어지지 않았다.

이후 나는 미운 정도 떨어질 정도로 아줌마를 미워하게 됐다. 나이가 들면서 점점 아줌마와 싸우는 일이 많아졌다. 짜증날 땐 짜장면 우울할 땐 울면 복잡할 땐 볶음밥 탕탕탕탕 탕

수육이라는 노래대로라면 난 아줌마 때문에 매 끼니를 중식을 먹어야할 정도였다. 단무지 없이 먹는 중식 같다. 나에게 조금이라도 짜증스럽게 하면 똑같이 아니 곱빼기로 짜증을 내고 아줌마를 달달 볶았다. 내가 태어난 자체가 불효일까 하는 생각도 든다.

스물한 살. 나의 가족이었던 할아버지가 친아빠 곁으로 가게 됐다. 이제 나의 가족은 할머니와 나 오직 단 둘이다. 가끔 물고기나 개구리 같은 식구들이 생기곤 했고 할머니와 나 이렇게 두 명이라는 것이 과연 언제까지 유지될 수 있을까 하는 생각을 했다. 난 언제나 가족관계에 대한 질문에 답을 할 때면 구구절절 설명을 늘어놓기 바빴다.

"아빠는 엄청 어릴 때 돌아가셨고 할아버지, 할머니랑 살아요. 엄마는 있긴 한데 초등학생 때 재혼 했고 원래 외동인데 동생이 있긴 있어요. 새 아빠 자식들이에요."

이 글에서는 내 가족을 할아버지, 할머니, 나 셋이라고 정의할 수 있게 됐지만 이게 뭐라고 그 전까지는 좀 어려웠다. 그리고 이렇게 말한 데는 사실 어린 맘에 부모님도 없이 할아버지 할머니와 사는 게 부끄러울 때가 있었다. 나도 소위 '정상가족'처럼 평범해 보이고 싶었던 마음이 있었다. 할아버지 할머니랑 산다고 하면 왠지 측은하고 가엾게 보는 시선이 없지

앉아 있었다. 같이 사는 것도 아니었지만 엄마라는 존재가 있다는 게, 남들이 다 가진 평범한 가족의 퍼즐 한 조각이 있다는 게 알게 모르게 든든하긴 했었다. 지금은 내가 그 아줌마를 나름 그저 엄마라는 이유 하나로 든든하게 생각한 적이 있다는 것 자체도 자존심이 상한다.

    대학을 졸업하고 첫 직장에 다니고 있던 어느 날 아줌마가 내 명의로 카드를 만들었는데 꽤 긴 기간 동안 적다면 적고 많다면 많은 금액이 연체되어 나에게 독촉 전화가 왔다. 전화를 건 신용 업체 사람은 겨우 이 정도 금액을 이렇게까지 연체하는 게 어디 있냐 했다. 독촉전화가 집에까지 와서 집에 계시던 할머니가 전화를 받게 되었고 할머니는 내가 카드 값을 연체한 줄 아는 억울하고 곤란한 상황이 생겼다. 아줌마에게 전화를 걸어 따졌다. "몰랐다"라는 대답이 돌아왔다. 너무나 기가 막혔다. 기죽지 말라는 소릴 달고 다니더니 이제 기가 막히고 코가 막히는 상황까지 만들어 준다. 너무 화가 나서 숨통이 막히기까지 했다.

    나는 아줌마와 꾸준히 불규칙적으로 싸웠다. 아줌마의 지인이라든지 남들이 있는 앞에서도 난 언성을 높이고 칼만 안 들었다 뿐이지 날카로운 말로 서로를 찔렀다. 한날은 "엄마라고 부르지도 마"라는 소리까지 듣게 되었다. 어느 날 갑자기 찾아와서 "열무야 엄마야"라고 말하던 사람이 엄마라고 부르지 마란다. 나는 그 말 만큼은 정말 잘 들었다. 지금 이 글에서 아줌마라고 표현하는 것처럼 정말 한동안은 아줌마라고 부르기도 했다. 난 두 번이나 버려졌다. 나는 아무리 화가 나도, 홧김에라도, 빈 말이라도 그런 말을 한다는 게 절대 이해되지 않았다. 특히 이미 한 번 버려졌던 내 입장에서는 말이다. 가끔씩은 날 버린 이유나 사정이 있었겠지 이해해 보려고도 해봤는데 그런 말을 쉽게 하는 모습을 보는 순간 처음 날 버릴 때에도 마치 테이크아웃 음료를 먹다가 길에 아무데나 몰상식하게 버리는 사람들처럼 나도 그렇게 버렸겠구나 하고 내 마음대로 단정지었다. 당시의 사실이나 상황이 어쨌든 알 필요도 이해 할 필요도 없고 말이다. 내가 필요한 건 단지 엄마였다. 내가 어릴 때부터 세상으로부터 보고 듣고 배웠던 그 '평범한' 엄마.

사회초년생 어린 나에게 아줌마는 돈을 빌려달라고 했다. 몇 개월 뒤 이자까지 쳐서 갚겠다며 빌려간 돈을 거의 10년 가까이 갚지 않았다. 빌려간 이후 한 번도 먼저 빌려간 돈에 대해 말을 꺼내지 않았고 5년 쯤 되었을 때 내가 먼저 돈을 달라고 말했다. 나는 흡사 대부업체 직원이 되었다. 아줌마는 온갖 핑계를 늘어놓는다. 아줌마는 늘 어떠한 사정과 핑계가 많았다. 꼭 자주 쓰는 답변을 등록해 놓은 것 같았다. 아줌마는 가끔 만나면 용돈을 주긴 했다. 하지만 1년에 봐야 몇 번 안 보니 정말 손에 꼽는다. 가끔 용돈이 필요하다고 하면 이체를 해준 적도 있고 옷이나 필요한 것도 사주고 챙겨 주기도 하고 나름 엄마 역할을 하긴 했지만 할아버지 할머니가 내 뒷바라지를 해주시고 바르게 잘 키워주신 덕에 아줌마는 나를 거저 키운 거나 다름없다. 이렇게 몇 가지 예시 정도로 쓸 수 있을 만큼 딱 이 정도쯤은 해주긴 했다. 나는 아줌마한테 "내가 순진해 보여서 어떻게 잘 구슬리면 뭐든 대충 쉽게 넘어갈 것 같냐"라고 말하며 이제 몇 차 대전인지도 모를 큰 전쟁을 일으켰다. 그리고 빌려준 돈의 일부분을 받았다. 내가 원하는 방식은 아니었지만 어떠한 방식으로 드디어 일부분을 갚긴 했다.

　나는 아줌마 생일을 몰랐다. 딱히 축하도 대단한 선물을 해준 적도 없다. 어버이날도 마찬가지다. 그래서 떳떳한 입장은 아니지만 몇 년간 이런 일이 있었다. 아줌마, 아저씨, 그 애들과의 채팅 방이 개설 됐는데 그 애들 중 한 명의 생일날이면 아줌마가 직접 차린 생일상 사진이 아침 댓바람부터 채팅 방에 올라오곤 했다. 그 애의 직업 특성상 먼 지역에 떨어져 있는 기간이 많은데 직접 생일을 챙겨줄 수 없어서 그렇게라도 챙겨주는 거였다. 굳이, 멀리 떨어져 있어 그 애가 먹을 수도 없는 케이크, 소고기 미역국, 생선, 잡채, 과일 등이 차려진 생일상이었다. 그 애랑 아줌마가 떨어져 보내는 시간들 보다 나는 훨씬 많은 시간을 떨어져 살았지만 한 번도 그런 생일상 사진을 받아본 적이 없다. 그래도 어떤 방식으로든 나의 생일도 축하해

주긴 했다. 어느 생일날엔 아줌마가 미역국 전문점에 가서 미역국을 먹자는 말을 했다. 나는 됐다고 했다.

아줌마가 재혼한 이유를 말한 적이 있다. 이 얘기도 몇 번이나 지겹도록 했다. 아저씨를 사랑해서 재혼 했다기보다는 그 애들이 안쓰럽고 아른거려서 했다고 나에게 말했다. 재혼한 거 가지고 뭐라고 할 생각도, 나에게 권리랄까 그런 게 있는지도 모르겠다. 그 아줌마의 인생이니까. 그리고 어릴 때는 그 말을 할 때 그냥 흘려들었다. 딸내미한테 이런저런 하소연 한다 생각하고 그냥 들어주기도 했는데 열 달을 힘들게 품고 낳은 나는 안쓰럽고 불쌍하고 아른거리진 않았나 하는 생각이 점점 들었다. 재혼해서 이렇게 저렇게 힘들게 산다 어쩐다 누구 등록금이 어쩌고저쩌고. 그 말들 속에 나에 대한 건 개미 똥만큼도 없었다. 미안하다곤 했다. 그게 끝. 난 늘 아줌마의 이야기만 들어 주느라 내 말은 제대로 해본 적이 없다. 아줌마는 나와 만날 때면 늘 친구 지인들을 데리고 함께 만났다. 왜 그랬을까.

어느 날은 내 연락을 피하던 아줌마에게 자정이 넘어 전화가 왔다. 노래방인지 어딘지 시끄러운 소리가 들렸다. 아마 잘못 눌려진 것 같다. 고의적으로 내 연락은 피하면서 신나게 놀고 있다는 게 너무 화가 났다. 아줌마는 아침마다 깨워달라고 부탁한 것도 두세 번 해주고 끝. 반찬을 챙겨준다더니 내가 싫어하는 것도 기억 못하는 등 나에 대해 아는 것도 없었고 나를 종종 "공주야"라고 부르곤 했는데 세상에 어떤 공주를 이렇게 대할까. 난 어느 세상의 공주인가.

　아줌마와 내 사이가 닳고 닳아 끊어지기 직전의 밧줄 같은 상태에 그 애들 중 한 명이 결혼을 하게 됐다. 그 애의 형제, 가족이라는 명분으로 참석하게 됐다. 나는 술래 없는 숨바꼭질을 하듯 혼자 화장실에 머리카락도 보이지 않게 꼭꼭 숨어 숨죽이며 울었다. 불편한 상황과 불편한 사람들을 마주하는 게 힘들었다. 그들의 가족들이 보기 싫고 불편했다. 나에게 무슨 짓을 하거나 뭐라고 한 것도 아닌데 그냥 어색하기도 하고 그냥 싫었다. 당시 자존감이 떨어져 있던 탓도 있긴 하다. 나에게 제일 잘못한 사람은 그 아줌마인데 그 아저씨도 싫고 그 애들이 나한테 잘못한 건 없지만 그 애들한테 모든 걸 빼앗긴 것 같고 피해의식이 느껴졌고 미웠다. 그래도 그 사람들과 나쁘게는 지내지 말자 다짐하고 상견례라든지 그들의 행사 같은 것들에도 크게 싫은 내색 않고 억지로 참석하는 등 나름 애썼는데 알게 모르게 무척 마음이 힘들었나 보다. 누군가의 행복하고 귀중한 순간을 진심으로 축하해주지 못하는 마음이 못났지만 어쩔 수 없었다.

　4년 전 할머니가 할아버지와 아빠 곁으로 갔다. 아빠는 오래도록 떨어져 지낸 엄마, 아빠와 드디어 만나게 되었지만 나는 이제 혼자가 되었다. 할머니 장례를 치르고 일주일쯤 되었을까. 아줌마가 만나자고 했다. 그런데 또 누군가를 데리고 왔다. 장례식이 끝난 후 밖에서 처음으로 사람을 만나는 자리였다. 나는 마음이 추슬러지지 않은 상태였다. 나는 기분을 못 감출 때가 많다. 나름 감추려 애쓰지만 종종 티가 난다. 온·오프라인 어느 때든 말이다. 정말 아무렇지 않은데도 오해를 받을 때도 있긴 하다. 아무튼 당시 사람들을 어떻게 대해야 할지, 이 좋지 않은 기분이 상대방에게 전해질까 봐 미안하기도 하고 힘들었다. 그럼에도 아줌마를 만난 이유는 단지 용건이, 해결해야할 일이 있어서였다. 그런데 아줌마는 누군가를 데리고 온 것도 모자라 지인이 하는 식당에 데려갔다. 아줌마와 얘기를 하다가 난 결국 크게 고함을 지르고 화를 냈다. 나를 전혀 배려하지 않는 모든 행동들에 화가 났다. 그저 조용히 아줌마에게 둘만의 용건을 말하고 싶었던 건데 늘 제삼자가 존재한다. 아마 아줌마는 나에게 미안한 마음도 약간은 있었겠지만 자기 가족, 지인들 앞에서 한 내 행동 때문에 무지 낯 뜨거웠을 거다. 그들에게 난 엄마에게 화내고 소리나 지르는 이상하고 못된 애가 됐겠지만 상관없다.

이것 하나만큼은 참 공평하게도 아줌마와 나는 서로에게 좋은 엄마, 좋은 딸이 아니었다. 나는 아줌마에게 살갑게 대한 적도 거의 없다. 내가 받은 상처만큼 나도 아줌마에게 수많은 생채기를 만들었을 테니 그저 억울하지만도 않다. 아줌마는 언젠가 내가 결혼을 하게 되면 정말 무슨 어느 세상의 공주처럼 성대하게 해주려고 했는지, 경제적·심리적으로 나에게 못 해준 만큼의 몇 배로 해주려고 했다고 한다. 내가 당장 이번 주 토요일에 결혼을 하겠다고 하면 어쩌려고 그럴까. 왜 자기 멋대로 그런 약속을, 자기 자신과의 약속을 했을까. 나랑 한 약속은 지켜본 적도 없으면서. 끝끝내 마지막 약속을 지키지 않은 아줌마에게 나는 미운 정도 완전히 떨어져 버렸다. 약속은 엎드려 절 받기로 겨우 지켜냈고 어설프게 모녀지간 형태를 유지했던 그 아줌마와 나는 외나무다리에서 만나는 원수 사이가 되었다. 나는 흔히 말하는 손절이라는 걸 흔치 않게 엄마한테 당해버렸다. 이제 완전히 버려진 것이다. 부디 외나무다리에서 만나지 않고 싶다.

용서란 미움에게 방 한 칸만 내주면 되는 거라는 영화 대사가 있는데 나는 그런 세입자를 받고 싶지 않다. 나의 불효는 생물학적 엄마인 그 아줌마를 절대 용서하지 않고 평생 변함없이 미워할 예정이라는 것. 또 이렇게 기록까지 하고 있다. 하지만 불효란 부모에게 자식 된 도리를 하지 못하는 것이라는 뜻인데 그 아줌마는 평범한 부모의 역할을 제대로 했다고 볼 수 없으며 엄마라고 부르지 말라는 말을 함부로 했고 그건 부모와 자식 관계를 부정하는 의미다. 과연 나의 행동들이 불효일까. 그래, 그래도 생물학적 엄마였으니까 불효는 불효다.

〈동백꽃 필 무렵〉이라는 드라마를 좋아하는데 극 중 동백이는 평생을 일곱 살에 엄마에게 버려진 날의 기억을 안고 살아간다. 동백이가 30대가 되었을 때 엄마가 다시 찾아오고 동백이는 엄마를 미워하면서도 연민을 느끼고 결국엔 엄마를 이해하게 되며 해피엔딩으로 끝난다.

　열무는 어릴 때 자신을 버렸던 엄마가 다섯 살에 찾아온 날을 기억하고 살아간다. 열무의 생물학적 엄마는 일찍이 열무를 다시 찾으러 왔지만 차라리 나타나지 말았어야 했다. 열무는 동백이가 부럽다. 동백이 엄마는 세상이 말하는 '보통의 엄마'였다. 동백꽃이 활짝 필 수 있게 양분이 되어주고, 물도 주고, 햇빛도 쬐어준다. 열무의 생물학적 엄마는 누군가에겐 좋은 엄마, 좋은 사람이겠지만 열무에게 만큼은 절대로 확실하게 아니다. 최소 열무가 밟아는 할 수 있게 흩뿌려진 약간의 흙 정도는 될지 모르겠다. 열무 꽃 필 무렵은 회피엔딩으로 끝난다.

　보호자, 의무적인 효도를 할 대상이 단 하나도 존재하지 않는 지금 홀가분한 기분을 느끼고 있는 내 모습이 좋기도 씁쓸하기도 하다. 내 이야기를 잘 하지 않는 데다 딱히 자랑할 것도 없는데 불효 자랑이라는 계기로 이런 자랑이라도 한 번 해보고 싶다.

신유보

수원에서 나고 영국에서 자랐다. 귀국 후 국어국문학과를 전공했다. 시 주변을 맴돌며 밥벌이로 영어를 가르친다. 이방인의 감각과 소수자 담론에 관심 있다. 에세이 『집, 어느 민달팽이의 유랑』, 『애정 재단』, 『빈집과 공명』, 시 『하지가 지나고 장마가 끝나도』 등. 독립출판사 '보라프레스' 운영.

명복

죽어야 끝난다. 둘 중 하나가 죽어야 끝난다. 세상에는 그런 관계가 있다. 그런 이야기가 있다. 때로 그것은 가족 간의 것이다. 아직 아무도 안 죽었다. 욕 한마디 나오기에 딱 좋은 타이밍인데 이번에도 참는다. 나는 그런 인간으로 자랐다. 그 정도로밖에 못 자랐다.

'아빠가 죽었다'라는 문장으로 시작하는 글. 그걸 정말 쓰고 싶다.

암이라고 했다. 무슨 암인지 잊었다. 장루 주머니를 찼다고 했으니 장 쪽일 것이다. 그를 안 본 지 몇 해째인지 모른다. 알아내려면 승원에게 연락해서 물어봐야 한다. 그가 투병한 지 얼마나 되었는지, 4인 가족이 모두 모여 마지막 식사를 했던 게 몇 년도인지. 그걸 갑자기 왜 물어봐? 글에 쓰려면 필요해서. 이런 대화를 나누기엔 내게도 남은 염치가 있다. 그리고 당연히 모르고도 글은 쓸 수 있다. 나는 이미 승원에게 진 빚이 많다. 승원의 희망은 그가 머지않아 회복해 다시 최소한의 경제 활동을 하며 살아가는 사회구성원으로 복귀하는 것이다. 다달이 그에게 이체해야 하는 생활비를 조금이라도 줄이는 것이다. 일하면서 버는 돈이 적지 않음에도 아무것도 안 남는 삶으로부터 해방되는 것이다. 저축과 미래. 그게 승원의 희망이고 나는 현실적 보탬이 될 수 없으니 적어도 그 희망을 함께 희망해야 한다는 인생에 두 번 다시 없을 책임감을 느낀다. 승원이 바로 나의 효자 남동생이다.

[Web발신]
OOO님의 수술이 시작되었습니다.
수술에 최선을 다하겠습니다.
- 국립암센터 수술실

동생이 엄마와 함께 있는 3인 단톡방에 문자메시지 캡처를 보냈다. 음. 글쿤. 그게 가장 먼저 떠오른 자연스러운 반응. '아빠'라는 단어 자체가 어색한 내가 그 이상의 연민을 보이는 것도 이치에 맞지 않게 느껴진다. 필요에 의한 설명을 하기 위해 그 단어를 사용하는 경우를 제외하고 아주 오랫동안 사전적으로 존재해 온 단어. 때로는 사주 어플에서 주입식으로 알려주는 와닿지 않는 내 운명 같기도 한 단어. 그렇군요. 그런 게 내게도 있군요. 그래서 어쩌란 말인 것일까요. 내가 어떻게 살아야 마땅한 것일까요. 혹은 내가 가르치는 영어 교재 속 예문처럼 다가오기도 한다. He has cancer. He is undergoing surgery. 운 좋게도, '음 글쿤'이라고 답장을 보내면 안 된다는 것을 학습한 사회인으로 자랐다. 말풍선 옆 숫자 2, 1, 그리고 사라짐.

그의 투병에 직접 관여 중인 동생은 그때 외로웠을까? 일하느라 바빠서 그런 감정은 끼어들 새가 없었을까? 나는 엄마가 먹고 싶다고 한 호떡 믹스를 조리 중이었다. 프라이팬에 노릇노릇 구워지고 있는, 안에는 달달한 견과류 믹스가 녹고 있는 먹음직스러운 호떡 사진을 찍어 보냈다. 엄마 소원 이루는 중. 근데 내가 좀 두껍게 한 듯.

*

초등학교 1학년 1학기 초. 입학한 지 얼마나 되었을까. 양육자가 학부모 상담으로 학교에 다녀온 것을 기억한다. 그날을 기점으로 나는 운동장보다 교무실을 더 자주 들락거리게 되었기 때문이다. 희한하게 담임 추천으로 반장이 되었고 전

교생 대표로 명칭은 기억나지 않는 학교의 중요한 상을 수상했다. 양육자는 자라는 내내 그가 참 스승인 듯 그에게 감사할 것을 강조했고 그 증거로 그의 친필 붓글씨로 쓰인 어느 동양 고전의 글귀를 액자에 넣어 귀중히 여겼다. 학기 초 학부모 설문지 자녀의 장래 희망 칸에 '초대 여자 대통령'이라고 적어내는 좀 이상한 쪽으로 과잉된 사람들과 주파수가 잘 통했던, 수업 시간 필기 안 한다고 단소로 내 머리를 때렸던, 그 당시 정년 퇴임이 얼마 남지 않은 듯했던 할아버지 담임 교사. 초등학교 입학과 동시에 결정된 나의 트로피 인생.

근본적으로 K-유교적이고 보수적인 양육자가 선진적이고 깨어있는 가치에 어설프게 매료된 덕에 나는 그 시절 K-장녀치고 과분하고 극진한 대접을 받았다. 할머니까지 3대가 함께 사는 친구가 학교 끝나면 집에서 설거지나 걸레질을 한다는 이야기를 들었을 때 어떻게 애한테 그런 걸 시킬 수 있는지 상당한 문화적 충격받았을 만큼 양육자는 나를 손에 물 한 방울 안 묻히며 키웠다. 학교가 끝나면 요일마다 다르게 짜여진 사교육 장소로 이동했다. 피아노, 원어민 어학원, 발레, 미술, 수영, 고액 과외 등. 중형 노란 버스에 실려갈 때도, 대형 관광 버스에 실려갈 때도 있었다. 걸어갈 때도, 집에서 레슨 받을 때도 있었다. 내가 그들의 기대만큼 앞가림도 야무지고 결과도 잘 만들어낸 덕이겠지만, 어찌 되었든 당시 붐이었던 조기 유학의 영광도 누리게 되었으니, 아무래도 나는 K-장녀는 아니다.

　기대에 부응하기. 혹은 그런 척하기. 그게 나를 양날의 검에 가두었다. 효이자 족쇄. 헛똑똑이라는 말은 나 같은 사람에게 붙이려고 만들어둔 말일 것이다. 대통령이 판사, 국제 변호사, 외교관 등으로 분명 다르지만 어떤 관점에서 대충 비슷한 직업이 나의 의지와 상관 없이 장래 희망으로 선택됐다 말았다 하는 동안 나는 일찍이 그리고 은밀하게 케이팝, PC통신, 인터넷 커뮤니티, 동인지, 아이돌 팬픽 등에 눈을 뜬 도파민 중독자가 되어갔다. 그리고 지금 이렇게 불효 자랑 지면을 채우고 있는 나는 현재 무명 프리랜서 강의 노동자이자 집필 노동자로 살고 있다. 안타깝게도 초대 여자 대통령 같은 것은 되지 못했다. 돈을 '못' 버는 게 아니라 '안' 버는 것처럼 보이게, 사람들이 그렇게 여기도록 하는 게 어쩌면 내가 할 수 있는 불효일지도.

　하지만 그렇다고 불효라고 여긴 선택 혹은 포기의 대가를 동생이 치르게 하고 싶지는 않았다. 내가 양육자로부터 날름 먹튀한 기대와 지원을 동생이 집안의 유일한 아들로서 중노동을 하며 간신히 채워내게 하고 싶지는 않았다. 모두가 견디고 있는 불순한 평화의 엔진이 동생의 효심으로부터 오게 되는 것은 계획에 없었다. 동생에게 부채감과 배신감의 양가감정이 든다. 애를 나눠 쓰지 않고 혼자 쓰고 있으니 미안하긴 하지만 덕분에 나의 불효는 양육자에게 파급력 있게 전달되지 않으니 말이다.

효도 불효도 실패. 가족과 관련된 관계와 역할은 죄다 그르치는 사람. 그 대단함. 더는 그 누구도 내게 기대도 바람도 없을 거라는 확신. 마치 건강에 영향을 주진 않지만 미관상 좋지 않아 제거하는 게 좋을지 고민하게 되는 작은 혹. 그런 식으로 버리기는 좀 그래서 데리고 있는 무언가. 마침내 이룬 탈역할의 정점.

그런데도, 내가 수행하고 있다고 믿었던 작고 소중한 나의 불효가 그리 완전하지 않다는 사실에 짜증이 나서, 비참해져서, 마음이 통장 잔고만큼 빈곤해져서, 그 와중에 마감이 코앞이라 심장이 쪼그라드는 것 같아서, 글 대신 책상을 엎었다. 저녁 식사로 오므라이스를 내왔더니 고작 케첩이 떨어졌다는 이유로 밥상머리를 엎었던 집안의 남자 어른처럼 말이다.

*

사람 간에 서로 알아가는 단계에서 자연스레 묻게 되는 것 중 대답을 피해갈 수 있다면 고향과 출신 학교 등에 관한 것으로 하겠다. 나는 적당히 둘러대거나 너스레 떠는 일에 소질이 전혀 없고, 고향 언저리에 살고는 있지만 중학교 때 유학을 가서 성인이 된 후 한국으로 돌아왔다는 정보를 전달해야 대화 맥락이 통하는 순간이 기어코 온다. 이 사람을 두 번 다시 볼지 안 볼지도 모르고 앞으로 얼만큼 가까워질지도 전혀 예측할 수 없는데 나라는 진절머리 나는 인간은 굳이 굳이 '진짜' 내 얘기를 해버린다. 그러면, 헉 대박. 진짜요? 어디요? 몇 살 때 갔어요? 혼자 갔어요? 너무 좋았겠다? 한국은 왜 다시 왔어요?

"……."
"그래서, 그거 부모님한테 다 갚고는 있어요?
 자기는 부모님한테 진짜 잘해야겠다."

취조실이 된다. 정보의 불균형이 기본값이 된다. 나는 계속 대답해야 하는 사람. 다시 설명해줘야 하는 사람. 게다가, 이런 식으로 시기 질투를 기반으로 한 본성적이고 건방지며 선 넘는 공격 아닌 공격이 날아오는 것까지 정녕 내 몫이란 말인가. 얼마까지는 갚지 않고 '건강하게만 자라다오'의 실천만으로 보답할 수 있는 양육 비용이고 얼마부터는 갚지 않으면 배은망덕한 불효자식이 되는 양육 비용인 것일까? 나는 내 양육자에게 좆나게 못하고 있나?

느닷없이 외국에 나가서 공부하랬다. 동네 무서운 언니들이 다 간다는 집에서 가장 가까운 중학교를 피해 고리타분하지만 바른 환경의 이미지였던 중학교로 진학해 버스 타고 통학한 지 한 학기도 되지 않은 시점이었다. 그 전 해에 다녀온 어학 연수가 재밌었다고 한 게 발단이었다. 알겠다고 했다. 이메일로 입학 시험을 봤고, 각종 행정 서류 준비를 했다. 그렇게 미래에 큰일을 해낼 장녀가 되어가고 있었다.

그런데 아마 모를 거야. 나는 그저 싫다, 안 하겠다는 말을 하는 게 무서웠던 것뿐이라는 사실을. 엄마는 자신의 어깨 위로 토하는 동생을 업고도 그 사람 다리를 주물렀잖아. 새벽에 동생이 운다고 시끄럽다고 그 사람이 고함 지르고 베개를 집어 던지면 엄마는 동생을 업은 채로 식탁에 엎드려 잤잖아. 내가 학원에 너무 가기 싫어서 멋대로 빼먹고 뒷산으로 놀러 갔다가 붙잡혀 들어온 날에는 그의 발길질을 피해 식탁 밑으로 기어 들어가야 했잖아. 5시까지 귀가하라고 했는데 5시 4분에 들어가면 20분 동안 엎드려뻗쳐를 하고 있어야 했잖아. 친구랑 짜고 올백으로 조작한 성적표는 당신들의 자랑과 미래가 되었고, 내 힘으로 이뤄낸 그보다는 못한 상위권 성적표는 혹시라도 내가 또 그에게 맞을까 봐 숨겨야 했던 엄마의 골칫거리가 됐었잖아. 정말 반찬을 작게 잘라 먹으면 키가 안 커? 왜 키가 안 크면 안 되는지는 설명해 준 적 없잖아. 왜 말이 안 되는 것 같은 말에 이유를 물어보면 쌍놈의 기지배 소리를 들어야 했던 거야? 근데 그거 지금 생각하니 웃기다. 본인이 쌍놈이라는 거잖아? 나는 다른 집에서도 다들 혼날 땐 눈깔을뽑아버릴개같은년씨발년쌍년좆같은년 같은 소리를 들으면서 리모

콘효자손굵은양초순가락빗자루손바닥 같은 걸로 맞는 줄 알았어. 원래 혼날 때는 자꾸만 바닥이랑 얼굴이 마주치게 되는 건 줄 알았어. 크고 나서 알았지. 각종 우울증 책을 찾아보며 알았지. 병원과 상담 센터를 다니며 알았지. 보통 이런 환경에서 자라는 애들은 의사 표현을 정확히 하는 일이 어려워지고 심지어 어떤 것이 진짜 자신의 의견인지 알아채기도 쉽지 않은, 어른도 아이도 아닌 제3의 무언가가 된다는 것을. 자신의 기분과 마음으로부터 그렇게 한없이 멀어져 내면과 영원히 통합되지 않는 분리감을 느끼며 산다는 것을. 그러니까 나도 몰라. 유학이라는 것을, 내가 더 넓은 세상과 서구 문화를 경험하고 싶어서 갔는지 내 양육자와 떨어지고 싶어서 갔는지 아니면 안 간다고 하면 또 맞을까 봐 갔는지, 나는 진짜 몰라.

    [OO캐피탈] 납입금액 안내
    안녕하세요?
    아래와 같이 납입 일정 안내드립니다.
    …

대단히 큰 규모는 아니었던 교습소를 허겁지겁 넘겨버리고 빚이 남았다. 빚도 다 안 갚고 무슨 생각으로 사업을 접었냐고 물어보면 할말이 없다. 죽을 것 같아서 그랬어요. 어떻게 말해도 엄살처럼 보이는 말밖에 못한다. 사업은 나름 번창했다. 열심히 하면 이 직업으로는 이 정도 연 수입을 낼 수 있구나. 생각보다 어려운 일은 아니네. 하지만 계속 번성하고 창성하려면 오직 일만 해야 했고 매달 몇 건씩 대출금 이자를 갚아야 했고 끝이 안 보였고…. 결과적으로 계속 할 수 있는 일이 아니었고 더 정확하게는 하고 싶은 일이 아니었다. 사회적 혹은 경제적 유능함은 내게 자긍심이 되어주지 못한다는 걸 다시금 깨달았다. 그러니까 내가 유학비 갚았냐는 말에 긁히는 사람인 거지. 결국 생각보다 어려운 일이 맞다는 모순 발생. 누군가에겐 내가 할 수 있으면서 돈을 '안' 버는 것처럼 보여 답답하겠지만 실은 그게 곧 돈 '못'버는 것이라는 사실 입증.

결론은 내가 그 무엇보다 나를 가장 중요하게 여기기 때문에, 내가 가진 입장에서 단 한 발도 물러설 수 없는 것이다. 나의 가치관 일부를 희생시키는 방식으로 돈을 벌고 그 돈으로 사유재를 누리고 그것만이 현대의 유일한 풍요로움인 것처럼 살고 싶지 않은 나의 하찮은 줏대. 알량한 자존심이나 고집이라고 곧잘 불리는 그 태도. 가게 상황이 어떻게 돌아가는 중이든 모른 체하고 빚만 남긴 채 전부 정리했지만, 이 글을 쓰고 있는 순간에도 내가 조금도 후회하지 않는다는 사실. 이 문장을 쓰면서 어딘가 조금 새롭게 생겨나는 비참함.

정상성 안의 안정된 삶이 목표인 사람들이나 나와의 나이

서열과 무관하게 자녀가 있는 사람들에게 양육자로부터 억대의 지원을 받아놓고 딱히 이룬 게 없이 불안정한 상태를 지속하는 내가 불효자식처럼 보일 수 있겠지만, 그 부러움 앞에서 한껏 꼬인 심산으로 아뇨저쫓나맞고자랐는데요돈만지원받았지혼자컸는데요애가어른없이생활하면어떤위험에노출되는지아시나요어떤사람이되는지아시나요그렇게한가롭게남의인생부럽다고하는게진짜부러운건데그건모르시죠 라고 하지 않는 것만으로 내가 굉장한 효와 도리를 다하고 있다고 생각한다.

　그러니까 좌표 잘못 찍었다고 고쳐주고 싶은 것이다. 내 인생에도 더럽고 각박하고 불안하고 취약한 면이 얼마든지 있어 왔다고. 요즘 세상에 '유학생 출신'이 무슨 암행어사 마패가 되냐고. 나는 내가 이 나이 먹도록(앞자리 4가 몇 년 안 남음) 가진 재산이 빚(억대는 아님)뿐인 것도, 내 명의로 된 차도 집도 없는 것도, 4대 보험 직장인이거나 다른 사람 월급 주는 대표가 아닌 것도, 독립 안 하고 엄마랑 사는 것(짱 좋음, 가장 좋음)도, 애인도 남편도 자식도 없는 것(그런 걸 만들 생각도 없음)도, 이리저리 끼워 맞춰 보려고 했지만 결국 어디서든지 튕겨져나오는 모양을 보니 퀴어 맞구나 인정해버린 것도, 여전히 정신과적 문제로 상담 센터에 다니는 것(양육자에게 청구 안 함)도, 지금처럼 계속 예술한답시고 가난하게 사는 게 나쁘지만은 않은 것도, 고작 서른하고도 몇 년 더한 인생 중 10년도 안 되게 차지한 유학 생활

앞에서 마치 내가 선택한 가장 멍청한 사치인 것처럼 뭉갤 수 있는 명분이 되는 게 무척이나 불쾌하다고. 애들아 그만 좀 부러워 해봐. 나 정신병자라니까.

아주 어릴 때부터 성인이 되기 전까지 반복해서 꾸던 꿈이 있다. 그때부터 신경정신어쩌고적으로 문제가 있었던 것이겠지. 어쨌든, 그 꿈을 무척 자주 꾸었고, 길게 꾸었고, 반복해 꾸었다. 꿈은 내가 겪던 생활보다 잔인했다. 수면의 질은 당연히 나빴고 가위에도 잘 눌렸다. 두어 번쯤은 자다가 내가 본 게 정말로 귀신이었다고 믿기도 한다. 내게 들인 돈이나 기대를 저버리는 것은 이 꿈에 비하면 불효 축에도 못 든다. 그 꿈은 친부가 나를 죽이려고 치밀하게 계획을 짜놓은 판에 걸려드는 꿈이었거든. 수년에 걸쳐 그런 꿈을 반복해 꾸었거든. 그래서 내가 계속 죽었거든, 꿈속에서. 내게는 그가 나를 정말 죽일 것 같아서 내가 먼저 콱 죽어버리는 식으로 얻게 된 죄의식이 있어. 꿈에서 나를 죽이려는 사람 대신 자살해버리는 식으로 꿈에서 도망쳐 나오는 게 나의 진짜 불효다. 그렇게 꿈에서 깨면 화장실 변기에 앉아 계속 생각했다. 죽고 싶다. 죽이고 싶다. 죽으면 어떡하지. 장례식에서 울까? 누구의 장례식에서 누가 울까? 혹은 울지 않을까? 생각해 보니 되려 효네. 차마 꿈에서조차 그를 살인자로 만들지 않고 여러 번 스스로 죽음을 택하는 방식으로 삶을 이어가던 어린 여자애에게 정말로 불효 딱지를 붙여도 된다고 생각해? 내가 그 꿈의 반복을 불효의 시작이었다고 부른다고 해도 그 딱지는 내가 붙인 것일 리 없다. 그런 죄의식을 심어준 게 나 자신일 리 없다. 충분히 안다고 생각한다. 하지만 안다고 딱지가 떨어지는 것은 아닌 게 또 문제다. 꿈은 끝났는데 아무것도 끝나지가 않네.

*

집안 남자 어른이 만든 수십 가지의 폐허. 대리기사 혹은 보호자 역할을 하느라 자다가도 유흥가나 파출소로 불려나가던 젊은 엄마. 그렇게 어른 없는 빈집에서 스스로를 재워야 했던 어린이들의 깜깜한 새벽. 구두발 소리가 가까워질수록 꼴깍꼴깍 넘어가던 침과 숨. 굉음. 차마 눈뜨고 돌아볼 수 없었던 소리. 반드시 자야만 했던 소리. 한 번도 눈으로 확인한 적이 없어 무슨 일이 일어났는지 목격하지 못한 밤이 지나면 얼어붙은 공기를 가르는 건 엄마가 말없이 아침 식사 차리는 소리. 그러면 그는 씨발년쌍년아주좆같은년 같은 천박한 육두문자를 두서없이 댑바람처럼 뱉으며 출근했고 나는 또 못 듣고 못 본 척 음식을 씹어 넘겼다. 왜 밥 먹으면서 끙끙 앓는 소리를 내냐고 묻는 양육자에게 단 한 번도 그걸 어떻게 모를 수 있냐 따진 적 없다.

주로 고통을 느끼지 못하는 것들이 다쳤다. TV나 선풍기

나 장식장 같은. 다행이라고 여겼던가. 그러다 가끔은 불행하게도 사람 역시 부서지는 날이 있었다. 그래서 나는 안다, 습격으로 주저앉는 몸을. 삽시간에 움츠러드는 몸을 안다. 고통이 느껴지거나 피가 흐르는 부위를 움켜쥐고 중력보다 센 힘으로 바닥으로 끌어 당겨지는 몸을 안다. 그런 몸이 낙하하며 내는 소리를 안다. 나는 몸과 사물이나, 몸과 벽 또는 바닥이 부딪칠 때 발생하는 소리를 안다. 또, 나는 안다. '이리 와 봐.' 어둠 속에서 불리는 이름의 공포를. 술과 유흥의 냄새가 뒤섞인 품 안에서 간신히 숨을 참다 그가 깨어나지 않게 빠져나오는 방법을. 어느 쪽으로 누워있어야 최소한의 몸짓으로 품에서 벗어날 수 있는지를. 나는 원하지 않게 만져지는 기분을 안다. 몸이 부적절하게 검사당하는 기분을 안다. 내 몸이 남의 것인 기분을. 내가 덜덜 떨고 있을 때 아무도 나를 지켜주지 않는 기분을. 내 몸으로 다가오는 손이 점점 괭대해질 때, 내가 시끄러운 밤마다 그랬던 것처럼 못 본 척, 멀어지는 발걸음 소리 역시 안다. 싫다고, 하지 말라고 말할 수 없는 기분을 안다. 맞거나 사라져야 하는 게 더 무서우니까. 나는 그래서 인내심을 잘 안다. 어떤 여자애들은 성장 점검을 이유로 친족 성폭력 피해자가 된다는 것을 나는 안다. 그리고 그것은 세상이 기울어진 탓에 사소하게 여겨져 좀처럼 공유되지 않거나 고백하기에 너무나 자기파괴적이라 영원한 비밀로 수납되어야 하는 것을 안다. 그의 요구로 그의 다리를 주물러야 했을 때마다 내겐 없는 그 썩은 고구마 같은 불알을 터뜨리고 싶었다.

*

"얘들아, 여보. 저녁 먹자."

한 가족이 잘 차려진 밥상 앞에 둘러앉는다. 고기 반찬과 달걀 요리와 김이 모락모락 나는 찌개가 있다. 모두 웃고 있다. 기쁘게 먹기 시작한다. 맛있나 보다. 남자 어른이 내 밥 위로 하얀 생선회 한 점을 얹어준다. 밥상 위에 회가 있었나? 다른 사람들도 먹는지 확인한다. 잘 모르겠다. 웃으며 식사를 하는 남자 어른의 눈치를 본다. 수상하다. 아, 또 꿈인 것 같다. 이번엔 이걸 먹으면 죽나 보다. 입에 살짝 넣었다가 몰래 뱉는다. 들키지 않았다. 웃으며 밥을 먹는다. 반찬도 먹는다. 혹은 먹는 척한다. 죽지 않는 내게 그는 다시 살인을 시도한다. 하얀 살점을 얹어줄 때마다 삼킨 척하고 몰래 뱉어낸다. 한쪽에 모아둔다. 차라리 전부 모르고 죽고 싶다. 꿈인 것도 알고 살인이 일어날 예정인 것도 알고 살인자가 누군지도 아는 것은 괴롭다. 아무도 죽이지도 죽지도 않고 꿈에서 깰 순 없을까. 웃는 척 눈을 아주 세게 꾹 감았다 뜬다. 아직 꿈이다. 감았다 뜬다. 꿈이다. 꾹. 꿈이다. 은밀하게 시도와 배반이 반복된다. 제발. 이만큼 했으면 그만 깨어나게 해주세요. 이거 또 꿈이잖아요. 저 알아요. 이거 꿈인 거 안다니까요. 꿈인 걸 알아채는 능력을 줄 거면 꿈에서 깨어나는 능력도 같이 줘야죠. 쿵쾅거리는 심장과 계속되는 최후의 식사. 꿈속의 내가 죽지 않으면 꿈 밖의 나는 깨어날 수가 없다. 결국 나는 모아둔 살점을 전부 다시 입에 넣고 우걱우걱 씹는다. 무언가를 과장되게 씹고 있는 나를 그가 빤히 보고 있다. 꿈속의 나는 꿈 밖의 나를 살리기 위해 또 자살한다.

백범

엄마 아빠 옷 입고 레즈 클럽 간 불효꾼. 가끔 자다가 늦는 사람. 2001년에 대학로에서 태어나 성북구에 산다. 글을 쓰고 극장에 서성인다. 공연 기획연출을 전공했으며 글방에서 글쓰기와 합평을 연습했다. 구석의 냄새 나는 이야기에 관심이 있다. 정신병, 우정, 섹슈얼리티에 관한 에세이, 희곡, 소설을 쓴다. 2024년에 한과 함께 메일링 서비스 「미치도록 살아있기」를 기획했고 2025년에 '마감클럽'을 운영했다.

그래서 나는 당신을 모르고 싶어요

아침 7시. 30분 만에 준비하고 나온다. 버스 정류장까지 2분이면 간다. 가는 길에 담배를 피운다. 걸으면서 담배를 피우면 숨이 차다. 버스가 오기까지 1분 이상 남으면 골목 앞에 멈춰서 피운다. 퇴근할 때까지 참아야 하므로 열심히 빨고 뱉는다. 두 정거장이면 간다. 잠시라도 앉는다. 눈을 감는다. 이대로 잠이 들었으면 좋겠다고 생각할 때쯤 눈을 뜬다. 벨을 누른다. 횡단보도를 건너 골목으로 들어가면 주머니에서 담배를 꺼낸다. 바닥을 보고 걸으면서 피운다. 출근 시간까지 5분도 안 남았지만 앞에 멈춰 숨을 고르며 마저 피운다. 2분 전. 1분 전. 딸랑. 안녕하세요.

사무실에 들어가 파란색 유니폼 조끼를 입고 야간 근무자와 교대한다. 야간 근무자가 사장님일 때도 있다. 출근하자마자 하는 건 포스기에 출근 찍기. 담당 교대 하기. 다음으론 쓰레기봉투 재고 체크하기. 담배 채우기. 매장 전체를 돌면서 재고 채우고 정리하기. 이제 좀 앉으려고 하면 후레시와 유제 물류가 도착한다. 끼익 턱. 문 앞에서 트럭 문 여는 소리가 들리면 다시 장갑을 낀다. 오거라. 빨리 끝내줄게. 여섯 박스. 평균이다. 박스에 담긴 줄 김밥, 삼각김밥, 도시락, 샐러드, 빵, 디저트, 우유, 커피, 음료를 검수하고 진열한다. 미검수 목록까지 확인하고 보고하면 끝. 그러고 나면 9시가 조금 넘어 있다. 허리 좀 펴보자.

허리를 펴면 무애가 보인다. 이곳 편의점에는 무애의 흔적이 역력하다. 무애가 새롭게 만든 규칙도 있다. 무애는 10년 동안 일하면서 얻은 노하우를 가르쳐주었다. 시재 점검할 때 지폐 빨리 세는 법, 동전 빼먹지 않고 세는 법, 쓰레기봉투 재고 확인하는 법, 소비기한 미리 적어놓는 법, 물류 검수하는 법, 선입선출로 진열하는 법, 워킹쿨러에 음료 재고 채우는 법, 손님이 음식을 먹은 후에는 환기하고 청소할 것.

무애 대타를 뛰며 무애의 존재감을 느낀다.

이모/아줌마/통통한 여자 사장님/엄마 어디 갔어요?

아파요.

눈 아프다는 거?

    단골 중에는 무애의 행방을 묻는 자도 있다. 손님이 물어보면 그저 일이 있다고 하라고 무애는 부탁했지만 이미 눈 아프다는 걸 아는 단골도 있는걸. 사장님도 아닌데 무애를 사장님으로 부르면 왠지 기분이 좋다. 무애가 백내장 수술을 한다는 사실을 동네방네가 알게 되었다. 할머니도 이모도 아는 이모도 사장님도 손님들도.

    무애는 처음에 눈이 침침한 게 노안이겠거니 했다. 그런데 병원에 가보니 녹내장에 백내장. 두 눈 다 수술해야 하는 상태였다. 처음 무애의 병명을 들었을 때 놀라긴 했지만 솔직히 암이 아니어서 다행이라고 생각했다. 녹내장과 백내장이 어떤 병인지 잘 몰라도 수술하면 괜찮다니까. 많이들 수술하고 잘 보고 산다니까. 그렇지만 암은 무섭잖아. 모르긴 몰라도 무섭다는 것쯤은 알 수 있잖아. 그런데 무섭지 않은 병이 있을까? 무애는 겁을 냈다. 두 눈 뜨고 수술하는 걸 다 보면서 어땠을까. 아무것도 묻지 않았다. 묻고 싶지 않았다. 별로 관심 갖고 싶지 않았다. 무심해서 무덤덤했다. 걱정이 안 된 건 아니지만 별거 아니라고 생각했다. 별거일 텐데.

솔직히 집안일하기 싫다. 내 몸뚱어리 씻는 것도 귀찮은데 집안일을 하라고? 엄마의 일을 '돕는' 착한 딸이 되기 위해서? 아니면 엄마만의 일이 아닌 일을 '같이' 하는 착한 페미니스트가 되기 위해서? 나는 나를 위해 집안일을 한다. 집안일이 정신건강에 도움이 되거든. 단순노동을 하면서 몸을 움직이면 잡생각이 없어지고 나로 인해 깨끗해지는 집을 바로바로 확인할 수 있으니까. 괜히 사람들을 초대하고 싶어지고. 무애는 집에 친구 초대하는 걸 거의 허락하지 않지만. 그리고 집안일은 남자가 해야 좋지 않나? 내가 하면 당연한 걸 했다고 하지만 남자들이 하면 칭찬받으니까. 남자들이 칭찬받으면 나는 구박받게 되어 있는데 그런 구박쯤은 익숙하니까. 나는 지금 집안일하면서 나를 돌보는 것도 귀찮은데 누굴 위해서? 무애를 대신하는 게 왜 나여야 하는지. 단지 딸이기 때문에? 딸이니까 당연히? 사실 집에서도 편의점에서도 무애를 대신하는 건 돈 때문이다. 집안일을 하지 않으면 생활비를 더 내야 한다. 편의점에서 무애 대타를 뛰면 월급이 들어온다. 무애의 병이 돈을 벌어다 준다.

수술을 기다리던 때, 그러니까 병은 알았고 해결은 안 됐을 때, 나는 자주 까먹었다. 많은 것을 까먹었는데, 뭘 신청하라고 하는 걸 미루고 미뤄서 마감을 넘기곤 했다. 청년 지원금 정도야 다음에 신청하면 되지. 연금? 그 전에 죽을지도 모르는데? 연금 신청을 하려면 예술인활동증명도 신청해야 하는데 여간 귀찮은 일이 아니었다. 이런 자잘한 일들을 처리하는 데 어려움을 겪는 게 조울증 때문이라고 하면 핑계를 대는 걸까. 진단을 받으니 모든 게 증상인 것 같고 더 아픈 것 같다. 지금 안 하면 죽는 것도 아니고. 죽고 싶은데 뭐가 대수람. 어쩌면 나라에서 돈을 준다는데 귀찮아서 놓치고 있는지도 모른다. 특히 문제가 된 것은 편의점에 나가는 날과 시간을 잊어버리고 헷갈려 한다는 거였다. 무애가 몇 번이고 일러주었는데도 한 귀로 듣고 한 귀로 흘러들었다. 머릿속에 남는 게 없었다.

    무애는 이런 날 이해하지 못하고 등짝을 때렸다. 씨부랄년아, 욕을 하면서. 나는 무애가 욕을 하는 게 웃기고 귀여워서 더 해달라고 한다. 엠병. 또 등짝을 얻어맞는다. 무애 대타를 뛰는 동안 평일 내내 여덟 시에 출근해서 한 시나 다섯 시에 퇴근했다. 일찍 일어나는 것을 힘들어하는 나는 여덟 시 출근이 벅찼다. 아침에는 손님도 없는데 일을 끝내고 가만히 앉아 있다 보면 졸음이 쏟아졌다. 그냥 졸음에게 지기로 한다. 엎드려 자다가도 딸랑 소리가 들리면 벌떡 일어났다. 서서 졸아서 손님한테 들킨 적도 있지만… 손님도 모른 척해주었기에 무사히 넘어갔다. 퇴근하고 집에 오자마자 쓰러져 잔다. 무애는 밥 먹고 자라고 하지만 밥이 문제가 아니다. 정신없이 잠에 취해 지내다 보니 씻지 않고 자는 날이 많아졌다. 세수도 안 하고 양치도 안 하고 샤워도 안 하는 기간이 늘어갔다.

    선생님은 말했다. 잠으로 회피하고 있군요. 네, 맞아요. 회피하고 싶어요. 모든 걸. 내가 살아있다는 사실도. 내 존재 자체도. 그저 잠만 자고 싶어요. 그런데 나는 무엇을 왜 마주해야 할까요? 회피의 반대말이 회피하지 않음일까요, 마주함일까요? 회피하지 않음은 곧 마주함이라는 의미일까요? 회피하지도 마주하지도 않는 상태는 없을까요? 나는 지금 정신병 핑계를 대고 있는 걸까요? 그냥 게으른 건데 정신병을 내세워 당당해진 걸까요? 그건 잘못된 걸까요? 병식이 생긴 후로 항상 그래왔는데요. 정신병이 늘 나보다 앞선 기분이 들고요. 그게 안전하다는 감각을 줘요. 나를 아프게 하는 병이 날 보호하고 있다. 병은 좀 모순적인 구석이 있나.

    병끼리 충돌할 때도 있다. 어떤 건강이 더 중요하냐 가지고 싸운다. 무애와 나의 건강 우선순위는 다르다. 무애는 본인뿐 아니라 가족의 눈 건강을 신경 쓰기 시작했다. 어두운 곳에서 핸드폰 보지 말라고. 핸드폰을 보지 않으면 못 자는데 어떡해. 유튜브와 드라마를 보다가 까무룩 잠 들고 싶단 말이야. 가만히 누워 있는 침묵의 시간을 견디기 힘들어서. 그러니까 눈이 좀 희생해라.

    무애가 유난 떤다고 생각한 적도 있다. 병원을 여러 군데 가고 여러 사람에게 말하고 가족에게 조심하라고, 도와달라고 말하는 게. 엄살을 잘 부리는 편이니까. 그런데 충분히 그럴 수 있지 않나? 엄살 부려도 되지 않나? 아프다고 징징대도 되지 않나? 나는 그래서 외로웠는데. 엄살 부리지 못해서. 알아주지 않아서. 인정받지 못해서. 그래서 병명을 앞세우는지도 모른다. 아픔, 할 수 없음의 상태를 받아들여 달라고. 나는 그렇게 외치고 있는데 무애에게는 그런 사람이 되지 못한다. 우리의 병은 눈에 보이지 않고 꾀병으로 오해받기 쉽다. 그래서 외롭다. 그러나 애석하게도 우리는 서로에게 매몰차다. 엄마와 딸은 절대 닿을 수 없는 반대편의 점 같다. 딸은 엄마를 모른다. 엄마가 딸을 모르는 것처럼. 우리는 서로를 모르고 서로의 아픔도 모른다. 영원히 모르고 싶다. 모르기로 한다. 무애의 아픔을.

그러나.

진짜 모를 수 있을까? 진짜 모른 척할 수 있어? 진짜 모르고 싶은 거 맞아? 회피하려는 거 아니고? 회피하면 어때. 도망가면 어때. 엄마보다 나를 더 위하면 어때. 사실 알고 싶지 않아? 무애가 어떤 사람인지, 어떤 환경에서 자랐는지, 너를 어떻게 키웠는지, 왜 너에게 그런 말과 행동을 했는지. 무애를 좀 더 이해하고 싶지 않아? 그게 네가 바라는 거 아니야? 누구의 엄마가 아닌 한 사람, 한 여자로 바라보는 거. 내 글에 엄마를 무애로 등장시키는 데 실패하는 중인 것 같아. 무애는 어디까지나 내 엄마고 내 입장에서 쓰일 수밖에 없어. 나는 엄마를 이해하려고 쓰는 게 아니라 나를 이해하려고 쓰는지도 몰라. 이해하기를 실패하기 위해서 쓰는지도. 그런데 엄마를 무애로 등장시키는 데 성공했다고 해도, 엄마를 이해하는 데 성공했다고 해도 다 안다고 할 수 있을까? 나는 난데? 그리고 애초에 글을 쓴다는 것 자체가, 엄마를 팔아먹는다는 것 자체가 불효지. 아니 그 전에 난 너무 큰 불효를 했어. 자살 시도라는 불효. 너무 피곤해. 엄마의 입장을 생각하려는 게. 엄마를 이해하려는 게. 엄마를 한 인간, 한 여자로 여기려는 게. 어려워. 나도 나를 모르는데 어떻게 엄마를 알 수 있겠어. 평생 이루지 못할 일을 할 바에 이기적으로 굴겠어. 그래서 나는 당신을 모르고 싶어요.

그러나.

김성호

게이이고 작가합니다. 살기 위해 쓰는 사람. 여러 독립출판물에 글을 발표했고 현재 대학교에서 문예창작을 공부하고 있습니다. 공포, 퀴어 등 장르를 가리지 않고 잡식합니다. 당신에게 내 글이 읽힐 때까지 쓰겠습니다.

반려 게이 탈출기

세상에는 무수한 많은 반려 생물과 사물이 있지만 그중에서도 우리 아버지의 반려 게이만큼 이상한 존재가 있을까. 그 '반려 게이'는 바로 아들인 나다. 아버지도 의도치는 않았을 것이다. 엄마와 함께 나를 퀴어로 낳자고 결정하고 합의한 건 아닐 테니까. 어쨌거나 나는 태어나면서부터 '불효'를 저지른 자식이다. 그 불효의 기준은 다수를 차지하는 '정상 가족'의 형태에서 벗어나는 것들을 토대로 한다. 다시 말해 나는 불효불효! 하고 울면서 태어난 것이나 마찬가지다.

　왜 하필 반려 게이일까. 조금 멸칭 같기도 하다. 엉뚱한 상상을 해본다면, 마치 집에 1가정 1퀴어를 보급하는 미래 사회가 떠오른다. 하지만 지금은 미래가 아닌 현재이고 그런 사회는 아직 오지 않았다(과연 그런 사회가 온다고 좋을지도 의문이지만). 내가 스스로를 아버지의 반려 게이라고 생각한 이유는 간단하다. 정말이지 '반려'라는 수식어가 나와 아버지 사이 관계의 바로미터이므로.

아버지에게 게이라고 커밍아웃한 순간부터 이 글을 쓰는 지금 이 순간까지, 매 찰나가 불효의 현신인 일상을 나는 조금씩 꺼내보려고 한다. 이 글의 장르는 소설도 에세이도 뭣도 아닌, 그저 나라는 사람의 반려 게이 탈출기. 현실을 그대로 옮긴 일기와 에세이, 일기와 소설 사이 그 어딘가의 기록물 정도로 봐주면 좋겠다.

아버지는 죽을 고비를 두 번 넘겼다. 첫 번째는 치킨 뼈가 목에 걸려 식도에 구멍이 났을 때, 두 번째는 대장암 진단을 받았을 때. 두 번 다 누구도 예상치 못한 사건이었다. 다행히 아버지는 그때마다 잘 살아돌아왔지만, 나는 그때마다 잘 살지 못했다. 누군가의 죽음의 위기를 목전에 두고 있는 경우도 처음이었거니와 더군다나 그 주인공이 아버지일 줄은 꿈에도 몰랐다. 막연히 언젠가 찾아오겠지, 싶었던 일이 예고 없이 찾아왔을 때의 충격이란 감당하기 힘든 것이었다. 앞서 나는 '잘' 살지 못했다고 말했다. 그렇다. 나는 아예 못 산 것도 아니지만 결코 잘 살았다고 하기 힘든 시간 속에서 부유했다. 끊임없이 반추했다. 아버지 자식으로서의 나를. 게이로서의 나를. 그리고 불효자식으로서의 나를. 내게 어떤 '효도'에 대한 강박이나 불안 따위가 있었던 것 같다. 아니, 있었다. 그 표현이 정확하다.

퀴어는 태어날 때부터 죄를 짓는다고 들었다. 태어난 것 자체가 죄인 것이다.

너무 부정적으로 생각하는 걸까. 하지만 적어도 나의 세계에선 현실인 걸. 정말 아버지가 그렇게 생각하는지 안 하는지는 사실 그리 중요하지 않다. 내가 스스로를 불효막심한 자식이라 여기고 있다는 것. 그것이 중요할 뿐이다. 그러나 동시에 반발심이 들기도 한다. 내가 뭐 그렇게 태어나고 싶어서 태어났냐고, 나를 낳은 건 당신이지 않냐고, 나는 당신이 낳은 대로 태어났을 뿐이라고. 한참을 그렇게 중얼거려봐도 남는 건 내가 게이라는 사실이 전부였다. 그렇지, 나는 게이지. 누구도 어쩔 수 없는 게이지. 그렇게 생각에 빠지다 졸기를 여러 번이었다.

나는 아버지에게 면담 신청하듯 따로 일대일로 커밍아웃한 적이 없다. 엄마와 누나도 함께 있는 가족 저녁 식사 자리에서 나는 내 성 지향성을 밝혔다. 당시는 2017년도로, 박근혜 탄핵 이후 대선을 앞둔 당시였고 대통령 후보자들의 퀴어 혐오 발언이 널뛰기를 했다. 저녁 식사 자리에서 아버지는 으레 그렇듯 정치 얘기를 꺼냈다. 나는 그런 얘길 왜 하냐며 볼멘소리를 하는 한편 슬그머니 대화에 끼어들어 대선후보들의 혐오 발언을 가차 없이 비판했다.

그러다가 정말 얼떨결에, 나는 내가 여자를 좋아하지 않는다고 말했다.

밥을 다 먹어갈 즈음이었다. 아버지는 아무 말이 없었고, 내 말을 상대해준 건 엄마였다. 아버지는 조용히 소파로 가서 언제나처럼 드러누웠다. '언제나처럼.' 하지만 동시에 그건 언제나처럼은 아닐 것이다. 언제나와는 다르게. 그런 수식어가 더 어울릴 거다. 아버지는 아무 말 하지 않았다. 엄마가 고생했겠다며 나를 안아줄 때도 아버지는 소파 구석에 외따로이 누워서 눈을 감고 있었다. 어떤 불효자식의 탄생을 알린 동시에 어떤 효자(로서의 가능성)의 종말을 알린 찰나였다. 아버지는 탄생 대신 종말에 집중했다. 눈을 감고 가만히 웅크려 누운 건 당신 나름의 애도의 방식이었던 듯싶다. 나, 김성호라는 아들이 죽고 사라지고 나, 김성호라는 같지만 다른 새 아들로 교체되는 순간이기도 했다.

기억나는 아버지의 말이 하나 있다.

동성애자 에이즈 문제가 심각한데 그건 어쩌고…

누구에게랄 것 없는, 중얼거림에 가까운 말이었다. 나는 논쟁에서 반박하듯 뭐라고 따졌다. 아버지는 더는 말이 없었고, 다들 무언가에 떠밀리듯 각자의 방으로 일찌감치 들어갔다. 나 역시 홀로 방에 들어가 그 하나의 탄생과 종말을 가만히 되새겼다.

어쩌면 내가 아버지의 죽음을 상상하며 대비했던 것처럼 아버지 역시 나의 죽음(탄생)을 상상하며 대비하지 않았을까. 서로 다른 시각에, 시간 차를 두고, 각자의 방식으로. 그렇게 본다면 우리는 한 번 죽었고 다시 태어난 거나 마찬가지다. 나는 불효자식으로, 아버지는 게이를 둔 50대 헤테로 남성으로.

내 프로필 상태 메시지는 얼마 전까지만 하더라도 '게이이고 작가합니다'였다. 두 개의 정체성 중 내 성 지향성을 기본값으로 생각했던 것 같다. 그럴 수밖에. 진로는 선택하지만 내가 게이라는 사실은 선택의 계제가 아니니까. 그만큼 내가 나의 성 지향성을 깨닫고, 그것을 가족들과 친한 친구들에게 말한 뒤 오픈리 퀴어로 살기로 한 건 내 글쓰기에 많은 영향을 미쳤다. 그리고 글쓰기, 하면 아버지를 빼놓을 수 없다. 암, 아버지 등을 거론하지 않을 수 없지.

어렸을 때, 그러니까 처음 소설을 쓴 중학교 1학년 때부터 아버지는 글쓰기를 반대했다. 그리고 커밍아웃 이후 나의 소설(주로 퀴어가 주인공으로 등장하는)을 어쩌다 접할 때마다 끝까지 작품을 읽지 못했다. 못한 것인지, 않은 것인지 여전히 지금도 헷갈리지만. 왜 매번 '이런' 사람이 등장하냐, 좀 다른 걸 써봐라, 너무 이야기가 어둡다, 요즘엔 이런 게 유행이냐 등등. 그건 우회적인 존재 부정이었다. 또는 비겁한 부정. 직접적으로 나라는 존재를 지우거나 부정할 순 없으니(아마도 아버지는 회피형 인간 같다. 나도 그렇지만) 그렇게 내 분신이나 마찬가지인 소설을 부정한 거다. 그렇다고 내가 부정당할 사람이냐?(내가 예수도 아니고) 그건 또 아니다. 나는 보란듯 더 퀴어 소설만 쓰면서 아버지라는 내 내면 안의 평론가에 반항했다.

그리고 그 작품들을 누구에게나 보여주었다. 정말이지 이 책의 제목처럼 '전국불효자랑~!!!'인 셈이었다. 내 소설 속 퀴어들은 늘 죽거나, 죽은 누군가를 애도하고 회상했으며 동시에 죽음을 갈구했다. 지금 생각하면, 그건 글쓰기라는 표현을 통한 자해의 일종이었다. 더불어 나는 그 상처를 아버지에게 거리낌 없이 내보였다.

너무하지 않았나, 라고 자책할 때도 있다. 그건 '진짜' 불효가 아닌가 싶었다.

세상에 자식의 자해 흔적을, 상처를 보고 싶어 하는 부모가 어디 있을까. 하지만 어쩔 수 없었다고, 나는 지금 와서 합리화해본다. 진짜 불효였을지 모르지만 동시에 내가 아직 살아 꿈틀거리며 고통받고 있음을 확인하는 시간이었다고.

내가 고등학교 2학년일 무렵, 아버지는 주유소 직원으로 일했다. 그때 나는 지금과 달리 소설에 대한 극심한 슬럼프로 시를 처음 썼는데 주유소 직원인 아버지에 대한 시로 큰 상을 탔더랬다. 제목은 '폐차'였다. 과거 아버지가 혼유 세 번이면 잘린다, 는 주유소 사장의 말을 전해준 것이 그 시의 발단이었다. 과연 아버지는 혼유를 몇 번 했을까. 그런 상상을 하며 시를 썼다. 시상식에서 해당 작품을 낭송할 땐 나는 나름대로 울컥, 감정이 북받치기까지 했다. 시를 읽느라 아버지의 표정을 볼 순 없었다. 다만 후에 아버지가 주유소 동료 직원들에게 내가 쓴 시를 보여줬다는 말을 들었다. 나는 생전 처음으로 효도를 한 기분이었는데 부끄러운 한편 뿌듯하고 나 스스로가 자랑스러웠다. 그땐 그랬다. 아버지에게 무뚝뚝하고 무심한 척 살고 있지만 사실은 지대한 관심과 사랑을 품고 있다는 것을 알리고 싶었다. 그때 나는 디나이얼 게이였다. 나는 내가 성 소수자임에도 성 소수자들이 혐오스러웠다. 내게도 배척해야 할 대상이었다.

문득 그때의 아버지와 커밍아웃을 들은 이후의 아버지 사이 간극을 가늠해본다.

내가 게이라는 사실의 전조가 없었던 건 아니다. 나는 여성이라는 인간에 성적인 끌림이나 관심이 없음을 의도적으로, 또는 부지불식간에 드러냈으니까. 아버지도 어느 정도 예감했으리라는 생각이 든다. 단지 언제 '그 시간'이 찾아오느냐의 문제였을 따름이다. 나의 시간으로 따져봤을 때 그 시간은 예상보다 늦게 찾아왔다. 그러나 아버지의 시간은 다르게 흐를 것이다. 아버지에겐 어쩌면 일찍이었을 수도 있다. 영영 자신이 죽을 때까지 오지 않을 수 있으리라고 생각했을지도 모른다. 하지만 그건 더 큰 불효가 아닌가. 내가 헤테로 남성으로서 죽고, 호모 남성으로서 다시 태어났다는 사실을 영원히 알지 못한다는 것은. 그것은 바꿔 말하면 자식의 생사를 부모로서 모르고 떠났다는 말이다. 정말 슬픈 일이 아닐 수 없다.

내 소설 제목을 빌려 말하자면, 그 시간들은 모두 『재생의 시간』이었다. 죽고 태어나고, 죽고 태어나기를 반복하며 조금 더 나다운 나에 가까워지는…

스물셋, 처음 남자친구를 사귀었을 때였다. 아버지는 어떤 사람이냐고 묻지 않았다. 나이, 심지어 이름조차도. 그저 못 들은 척, 하던 행동을 계속할 뿐이었다. 엄마만이 관심을 표했다. 아버지는 엄마나 누나를 통해 그러한 정보들을 알았을 게 틀림없었다.

다시 말해 아버지는 단 한 번도 내 앞에서 나를 게이로 대한 적이 없다.

아버지 앞에 서면 나는 마치 무형의 무색무취 인간이 된 것 같다. 아직 인간이 되기 이전, 게임 심즈에 비유하자면 아직

캐릭터 생성창을 띄우기 전 로딩 화면에 렉이 걸린 상태와 비슷하다. 그러한 기분을 종종 느끼곤 한다. 그럴 때면 나는 글쓰기로 돌아간다. 글자로 나를 형체화 하면서 내게 형태와 색과 냄새와 언어를 다시 부여한다.

처음 남자친구와 헤어졌을 때도 마찬가지였다. 아버지는 왜 헤어졌냐고 묻지 않았다. 여전히 어떤 사람이었냐고도. 어디 사는지, 이름, 나이조차도. 그런 일이 애초에 없었던 것처럼 나를 대했다. 때로 나는 그런 아버지가 원망스러웠다. 아버지의 그러한 무관심과 나를 나로 대하지 않는 무책임한 태도에 화가 났다. 그런데 다시 생각해 보면 나도 그랬다. 나 역시 아버지를 게이 아들을 둔 아버지로 대하지 않았다.

나는 아버지를 언제고 이성애자로 돌아오거나 변할 수 있는, 또는 여전히 이성애자인 아들을 두고 있는 사람으로 대했다. 그건 일종의 '상태 지속'이었다. 커밍아웃 이전의 평화를 깨뜨리지 않고 계속 이어나가고 싶은 마음의 발로였을 거라고 생각한다. 그 평화가 다신 있을 수 없고 돌아올 수도 없으며 있어서도 안 된다는 사실을 우리는 둘 다 내심 부정 내지 외면했다. 갈등이 전혀 없는 완벽한 평화는 아니었지만, 우리 둘 다 무뚝뚝하고 무심한 척 행동했지만, 그래도 나름 잘 지내고 있다고 말할 정도는 되는 평화를 우리는 어느 누구도 먼저 놓치거나 깨뜨리기 싫었던 게 아닐까.

그 '평화'는 지금도 여전하다.

언젠가, 커밍아웃은 시작한 순간부터 죽을 때까지 밥 먹고 양치하듯 잊을 만하면 거듭해야 하는 거라는 말을 들은 적이 있다. 정말 그렇게 딱 맞는 말이 있을 수 있나, 싶다. 커밍아웃은 일종의 도끼 같아서 한 번으로는 견고한 평화 내지 정상성이라는 얼음 표면을 부수기 어렵다. 계속해서 내려쳐야 한다. 금이 가고, 균열이 일고, 조각조각 부서지며 마침내 파도가 이는 순간을 향해. 그 도끼를 쥔 사람은 나일 수도 있지만 아버지가 될 수도 있다. 먼 거리를 사이에 둔 양극단에서, 지금 이 순간에도 우리는 도끼질을 하고 있을지 모른다. 어느샌가 얼음 표면이 깨지고 우왕좌왕하다 여차하면 차갑고 깊은 물속으로 빠질 테지. 그렇지만 그때 우리를 구하는 존재 역시 서로임을 나는 알고 있다.

내겐 조카가 두 명 있다. 첫째 조카는 이제 두 살이 되고, 막내 조카는 지난달에 백일 잔치를 막 치른 참이다. 가끔 엄마와 아버지를 따라 서울의 누나 집에 놀러 가면 나는 자연스레 조카들과 놀아주기 바쁘다. 특히 어린이집에 다니는 첫째 조카를. 그 애는 남자애로 축구와 공룡을 무척 좋아한다. 아, 번개맨도. 그 애를 보고 있으면, 그리고 눈길을 돌려 누나와 매형을 보고 있으면 가끔 그런 생각이 든다.

내게도 이런 시절이 있었겠지.

모두가 단지 눈만 마주쳤는데도 기쁘던 시절. 자식을 향한 부모로서의 바람과 기대에 한 점 의혹이나 의문이라곤 없을 거라고 여기던. 그 행복이 영원할 거라 착각하던. 그 시절의 나로 돌아가 본다. 내가 후에 게이라고 정체화하거나 커밍아웃하는 일이 있을 줄 누가 알았겠는가. 외양은 다 비슷하다. 그러니 대다수의 다른 아이들처럼 비슷하거나 똑같이 크겠다 싶겠지. 그러나 출발점은 같아도 놓인 길은 저마다 다르기 마련이다. 나는 어떤 길을 지나왔기에 이렇게 불효자식으로 커서 이 글을 쓰고 있을까. 그런 생각이 든다.

재차 시선을 옮겨본다. 아버지에게로. 그리고 누나를 지나 조카들에게로. 그것이 아버지가 그렸던 가정의 형태일 것이다. '원했던'이라곤 표현하지 못하겠다. 그 그림엔 무수히 많은 사회적, 환경적, 태생적 요인이 정상성이라는 범주 안에서 작용했을 테니. 조카를 보는 아버지의 눈빛, 놀아주고 대하는 손길을 유심히 살핀다.

아아, 저게 진정한 효도지.

나는 그런 생각을 했다. 효녀인 누나와 달리 나는 어떠한가. 남자를 좋아하는, 나중에 아이도 낳지 못하는 존재 아닌가. 솔직히 고백하자면 나는 조카와 놀아줄 때 애가 만약 내 자식이라면, 하고 상상한 적이 있다. 마치 연기를 하는 배우처럼 자연스레 가상의 '아빠' 역할에 몰입하게 되는 거다. 아버지는 인자하고 재밌는 할아버지로, 나는 애를 낳아 노년의 아버지에게 기쁨과 행복을 비롯한 효를 다하는 자식으로 변모한다. 당연하지만 누나와 매형이 다시 나타나기 전까지만 이어지는 환상이다. 나는 어디까지나 조카들의 삼촌일 뿐이다. 어떻게 보면 조금 '이상한' 삼촌이다. 조카와 놀아주는 나를 보며 아버지는 무슨 생각을 했을까. 나처럼 망상에 가까운 상상을 하며 잠시나마 행복해하지 않았을까. 그러나 그건 너무… 잔인한 상상이다. 결코 현실이 될 수 없고, 내가 원하지 않는 현실이기에. 어쩌면 아버지는 어떻게든 원할지도 모르겠다.

엄마는 가끔 내게 퀴어 관련 얘기를 꺼내곤 한다. 이번에 서울시장이 퀴어문화축제 광장 사용을 불허했다더라, 인천에서 퀴어축제가 열렸는데 충돌이 심했다더라, 그런 얘기들. 그 옆을 슬쩍 보면 늘 아버지가 있었다. 아버지는 어쩌다 가족 식사 자리에 오르는 퀴어 이슈의 한구석에 늘 물러나 있었다. 엄마의 의견이나 생각도 궁금했지만, 나는 아버지의 생각이 더 궁금했다. 아버지가 할 말을 상상하기도 했다. 언젠가 동성결혼이 꼴 보기 싫다고 말했던 엄마와 동성애자들은 다 총으로 쏴서 죽여야 한다고 말했던 누나의 이후 변화와 달리 아버지는 눈에 띄게 내색하거나 변한 모습을 찾기 힘들었다. 도대체 무슨 생각을 하고 있는 걸까. 내게는 말하지 않는, 나를 향한 말이 아버지에게 분명 내재되어 있을 거라고 생각한다. 그 사실을 알고 있는 사람은 누가 있을까. 엄마나 누나가 있을 수 있겠지. 때론 나의 정신건강의학과 의사도 해당될 수 있겠다.

아버지에게도 꿈이 있었을 거다. 자신이 그리던 이상향. 커밍아웃 이전에 아버지가 그런 얘기들을 가끔 꺼내곤 했던 것을 기억한다. 어떤 여자 연예인을 보고 아버지와 나의 취향이 일치한다거나, 함께 다큐나 예능 프로그램을 보며 저런 며느리가 좋겠다, 얘기하거나. 내가 포르노물을(처음엔 헤테로물이었다) 보다 들켰을 때 너도 남자애구나, 중얼거리거나.

커밍아웃 이후 누나의 결혼식 때, 식장 입구에서 마주치는 친척들 대부분이 내게 여자친구 있냐고 물어보는 순간마다 옆에서 아무 말 않고 가만히 있던 아버지를 기억한다. 표정이 썩어가는 나 대신 당연히 여자친구 있지, 라고 대꾸하거나 아직 없어, 눈치지 않고 가만히 있던 것은 아버지로선 나를 향한 최선의 존중이었을지 모른다. 자신의 꿈이 지고 있는 모습을 손쓸 수도 없이 망연하게 바라봐야 하는 사람의 심정은 어떠할까. 비록 망상이었다 할지라도 그것 역시 한때 꿈이었다는 사실을 나는 잊지 않고 싶다. 그건 불효나 원망에 대한 기록도, 아버지를 이해하기 위한 과정도 아니다. 타인의 꿈에 대한 존중일 따름이다.

탈출이라는 단어의 정의에 대해 찾아본다.
'어떤 상황이나 구속 따위에서 빠져나옴.'

표준국어대사전에 따르면 이렇다. 나는 맨 앞 문단에서 아버지의 반려 게이라고 자칭했다. 나는 아버지에게 구속되거나 아버지가 만든 어떤 상황에 갇혀 있지 않다. 그럼에도 '탈출'이라는 표현을 쓴 건 역설적으로 내가 아버지를 내세워 만든, 나 자신을 구속하는 상태에서 빠져나오고 싶었기 때문이다. 효도를 해야한다는 강박, 아버지에게 영원히 씻을 수 없는 불효를 계속해서 저지르고 있다는 불안에서 탈출하고 싶다. 그러기 위해선 불효를 직시해야 했다. 이 글을 쓰면서 그러한 과정을 통과한 것이라 생각한다. 그와 같이, 나는 바란다. 나뿐만 아니라 모든 게이들, 퀴어들이 태생적 불효에 대한 불안과 효도를 향한 강박에서 벗어나기를. 꼭 퀴어가 아니어도 좋다. 사람이라면 누구든지 각자 불효를 저질렀거나 저지르는 중일 테니까. 잠시 '불'이 타오르고 있다고 생각하자. 불은 나뭇가지를 맞비비면 생긴다. 너무 가까워서 생기는 것이다. 영원히 타오르는 불은 없다. 불이 꺼지고 효만 남으면, 그때 우리는 존재만으로도 웃음 짓던 그때처럼 한 번 웃어보는 거다.

저기, 안방에서 반려견인 검정 푸들 '로보'가 짖는다. 아마 늦은 저녁을 달라고 하는 거겠지. 틀림없이 아버지의 손을 살짝 깨물며 꼬리를 흔들 것이다. 아버지는 자고 있는 엄마를 대신해 귀찮아하면서도 머리를 쓰다듬으며 밥을 줄 거고. 나는 내 방에서 이 글을 쓰고 있다. 나는 로보처럼 귀엽거나 사랑스럽게 생기지 않았다. 흔들 꼬리도 없고 더는 반려 게이도 아니다. 그렇지만 아버지의 아들이라는 건 변함없는 사실이다.

각자의 위치에서 아버지는 아버지로서, 나는 나로서 살아간다. 나중에 또 무슨 탈출기를 쓰게 될지 모르지만, 결코 고통스럽지만은 않은 탈출기였음을 기록해두고 싶다.

민정

붕괴된 가정에서 자랐습니다. 지독하게 고아가 되고 싶었고 고아와 결혼하고 싶었지만, 넘치는 사랑을 받고 자란 이와 부부가 되었습니다. 살아온 가정은 저를 늘 불완전하게 만들었지만 선택한 가족은 스스로를 충만하게 만들어 줍니다. 마음건강 매거진 「월간 마음건강」 책임 에디터로 활동하며 그 변화의 순간들을 부단히 기록하고 있어요. 수없이 찢겨 놓고도 누구보다 해맑은, 하고 싶은 게 너무 많지만 대충 지금의 순간을 살아가는, 가장 충만하면서도 누구보다 불완전한, 그런 글을 씁니다.

딸이라는 불치병

"이년 이거 되게 웃기는 년이네."

올해 초, 신년 운세나 보자며 방문한 곳에서 점쟁이가 내게 했던 말이다. 나더러 웃기고 독특한 년이란다. 슬플 땐 잘도 참으면서 열받으면 미친 사람처럼 통곡한다고 했다. 부정할 수 없는 용한 점사에 고개를 연거푸 끄덕였다. 정말이지, 그렇다. 커다란 상영관에서 모두의 어깨가 들썩일 정도로 슬픈 영화를 보면서도 눈물 한 방울 흘리지 않는 나는, 분노 앞에서 누구보다 쉽게 무너져버린다. 내 눈물의 주성분은 억울함이다. 차곡차곡 쌓이고, 억압받다, 결국 터져버리는 것. 그 시작은 늘 내 엄마였다. 그날처럼.

우리 집엔 소위 말해 '술 먹으면 개 되는 인간'이 둘이나 있었다. 한 사람이 멀쩡히 귀가한 날엔 나머지 한 사람이 취해왔고, 한 사람이 조용히 잠든 날엔 또 한 사람이 날뛰어준 덕에 학창 시절 내내 알코올 냄새에서 벗어날 틈이 없었다. 다만 그날의 공기는 좀 달랐다. 매번 엇갈리며 추태를 부리던 그들이 사이좋은 두 마리의 개가 됐던 날. 배배 꼬인 목소리로 신세 한탄을 무한 재생하던 엄마에게로 오빠의 주먹이 꽂혔다. 쓰러진 엄마는 숨이 넘어갈 듯 울었고, 나는 헐떡이는 그녀의 등짝 위로 몇 차례의 발길질이 더 오갈 뻔한 것을 온몸으로 막아내야 했다. 그곳에서 가장 약자였음에도 불구하고.

예상하듯이 오빠의 주먹질은 한 번의 실수로 그치지 않았다. 그 장면을 다시금 마주했던 순간, 나는 조용히 112를 눌렀다. 집 안에 들이닥친 경찰들을 바라보던 엄마의 시선은 한순간 부풀었다가, 내게로 옮겨와 살기 어린 칼날이 되었다. 미쳤냐고. 오빠를 전과자로 만들 셈이냐면서. 폭행 가해자에게 닿았어야 마땅한 비난들은 모두 내게 날아왔다. 어안이 벙벙해진 내 곁으로 경찰들이 다가왔고, 엄마는 그들과 내 사이를 비집고 섰다. 아무 일 없었다니까 그러네! 악다구니를 쓰더니 기어이 그들을 쫓아냈다. 그러고도 성에 차지 않는다는 듯 씩씩대며 현관문을 걸어 잠갔다. 덕분에 세상을 향한 내 구조 신호는 5분도 채 되지 않아 무색해졌다. 그날, 나를 노려보던 엄마의 눈빛을 나는 아직 잊지 못한다. 네가 감히 가족을 신고해? 그것도 내 아들을? 나쁜 년. 독한 년. 희대의 배신자라도 본 양 노려보던 그 원망 섞인 눈빛을.

    억울했다. 억울해 미쳐버릴 것 같았다. 하루가 멀다고 술에 취해 자식들을 괴롭히던 엄마, 그녀의 주정을 견디지 못해 무력을 휘두른 오빠. 그 사이에서 가장 괘씸하다 손가락질받는 건 다름 아닌 나였다. 어쩌면 그 억울함의 뿌리는 아주 오래 전, 내가 선택하지 않은 삶에서부터 뿌리내리고 있었는지도 모른다.

    역대 최악의 더위가 들끓던 1994년 여름, 한 집안의 두 번째 자식으로 태어남 당했다. 내 탄생은 고요하던 병실을 소란으로 메웠다. 의료 기술이 발달되지 않아 출생 직전까지 아들인 줄 알았던 나의 성별이 딸임을 알게 된 탓이다. 내 엄마는 지독하리만큼 보수적인 대구 토박이 집안의 둘째 며느리였다. 장손을 낳은 지 반년 만에 나를 품었을 때, 그 아이 역시 사내라는 초음파 결과는 모두의 환호로 이어졌다. 이제 됐다! 내 부계 조부모는 엄마를 앉혀 놓고 말했다. 번번이 임신에 실패하는 맏며느리(나에게는 큰엄마)를 위해 나를 낳아서 주라고. 넌 이미 아들이 하나 있으니 충분하지 않냐면서. 자식을 뺏길까 열 달 내내 불안함에 떨던 그녀는 딸로 태어난 나를 마주했다.

다행이라 해야 할까. 딸이라는 이유로 나는 큰집의 자식이 되지 않았다. 이 집에서 딸이란 그런 존재였다. 기쁨보다 실망을 먼저 안겨주는 존재. 그래서 누군가에게 줄 수도 없는 존재. 유전자 검사까지 언급됐던 그날, 애가 진짜 우리 핏줄이 맞냐는 의심이 오가는 그 자리에서 입이 찢어져라 웃고 있던 사람은 내 엄마가 유일했다.

아들을 숭배하는 집구석에서 딸로 살아간다는 건 적잖이 서러운 날의 연속이었다. 오빠와 나는 연년생이었음에도 불구하고 어른들의 주머니에서 나오는 용돈의 금액부터 달랐다. 어쩌다 한 번, 혼자 조부모 댁에 가는 날엔 우리 장손은 안 왔냐며 아쉬움 섞인 목소리가 들려왔으며, 철저하게 구분된 남자와 여자의 밥상을 익히 경험하며 자랐다. 피아노부터 미술, 바둑, 웅변, 수영, 과외까지 오빠가 세상의 다양함을 체득하는 동안 나는 너무도 당연하게 종합학원을 오갔고, 언젠가 동네 아주머니들이 우리 집 부엌에서 차를 나눠 마시던 날, 어차피 집에 돈도 없는데 대학은 아들만 보내면 된다는 엄마의 말을 방 안에서 고스란히 듣기도 했다. 그녀는 끼니에 민감한 사람이었다. 정신없이 돈을 버는 중에도 때맞춰 자식들이 잘 챙겨 먹었는지 염려했다. "정아, 오빠야 밥 차려줬나?" 그 걱정 어린 목소리는 어김없이 내게만 책임을 물었다. 그 바람에 첫째에게 둘째를 맡기는 여느 집들과 달리 나는 장남의 밥을 챙기는 막내 딸로 자라야 했다. 억울함이 극에 치달았던 어느 날, 왜 밥도 내가 차리고 설거지도 내가 해야 하냐는 물음에 엄마는 "오빠야는 남자잖아"라는 말 같지도 않은 답을 내놓았다.

조금 자란 후에는 아빠의 부재가 잦아졌다. 그는 어느 날 갑자기 사라졌다가, 잊을만하면 출처 모를 빚을 가득 안고 돌아오기를 반복했다. 엄마는 늘 집에 온 아빠에게 소리를 질렀다. 이럴 거면 그냥 같이 죽자는 말과 함께 부엌칼을 들면 아빠는 애들 다 듣겠다며 엄마의 몸을 끌어안았다. 초등학생밖에 되지 않았던 나는 소란의 이유를 알지 못할 때마다 이불로 귀를 틀어막았다. 그때 내가 할 수 있는 건 모른 척뿐이었다. 그리도 자상한 척했던 내 아빠는 책임감이라는 개념 자체를 상실한 인간이었다. 누군가의 남편 혹은 부모로서 완벽한 실패작. 벌어오는 생활비 한 푼 없는 주제에 도박장에 가 빚잔치를 벌이는 데는 재주가 있었다. 그 결과 우리의 유일한 보금자리가 압류 딱지로 도배되었고, 엄마는 이혼을 택했다. 빚과 함께 아이 둘을 홀로 키워야 했던 엄마는 남편의 자리를 술로 채우기 시작했다. 매일 마시고, 울다 지쳐 잠들었다. 어제는 신발장에, 오늘은 아파트 주차장 한가운데에, 내일은 어디에 취해 쓰러져 있을지 모르는 엄마는 사춘기 소녀에게 재앙이나 다름없었다. 짐승처럼 우는 날도 많았다. 붕괴된 결혼 생활과 금전적 압박감에서 오는 불안감은 엄마의 절규에 섞여 고스란히 내게 배설 됐다. 내게 집은 감옥이나 다름없었다. 알코올 냄새가 눅진하게 밴 신세 한탄이 끝나고, 그녀가 잠에 들 때까지 편히 쉴 수도 나갈 수도 없는 곳.

취한 게 낫겠다 싶을 정도로 술에서 깨면 내 모든 일상을 통제했다. 가방을, 일기장을, 휴대전화를 뒤지며 일거수일투족을 감시하는 바람에 학창 시절 내 특기는 거짓말이었다. 대학은 잘나신 장손만 가도 충분하다더니, 성적이 떨어지면 성적표를 찢고 매를 들었다. 선생님의 신체적 체벌에 분노하던 친구들을 볼 때마다 의아함을 감출 수 없었다. 집에서도 이 정도는 다 맞지 않나? 세상에 자식을 안 때리는 부모가 있다니, 말도 안 된다며.

엄마는 사소한 일에도 고함을 지르며 사람을 들들 볶았다. 학교 앞에서 떡볶이를 먹다가도, 주말에 친구들을 만나 놀던 중에도 그녀에게서 걸려 온 전화 한 통이면 여자애라는 이유로 집에 돌아와야 했다. 잘 웃다가도 주머니 속에서 휴대 전화벨 소리가 울릴 때마다 조건반사처럼 가슴이 벌렁거렸다. 오늘 우리 집에는 또 어떤 모양의 지옥이 기다리고 있을까 하면서. 마치 파블로프의 개처럼.

대화가 통하기 시작할 때쯤부터 엄마는 내게 자신의 결혼 생활이 얼마나 고통스러웠는지 일러주기 시작했다. 강압적인 부모부터 도박 중독자인 남편까지. 그녀의 삶은 누가 작정하고 저주를 퍼부은 듯 기구했다. 오빠와 나는 같은 이야기를 듣고 자랐음에도 각자의 역할이 달랐다. 아들은 부모의 이혼과 관계없이 김해 김가의 귀한 장손이었지만, 나는 엄마와 함께 친가 어른들을 저주하며 그녀가 흘리는 눈물까지 닦아주는 다정한 딸로서 자리매김해야 했다. 엄마의 상황을 납득하게 된다는 것은 내 두 발을 연민이라는 족쇄로 채워 버리는 것과 같았다. 정말 힘들었겠다, 맨정신에는 살아낼 수가 없었겠다, 그러니 내게 집착하는 게 당연했겠다, 그 와중에 우리를 버리지 않고 키워냈으니 이건 감사한 일 아닐까. 엄마를 감내해야 하는 온갖 이유를 만들어 내게 채워진 쇠사슬의 무게를 스스로 늘렸다. 아마 내가 태어났던 날, 딸이 생겨 기뻤다던 엄마의 말은 온갖 차별과 억압 속에서도 끝까지 제 편이 되어줄 호구 같은 자식이 생겨 좋았다는 뜻이었을지도 모른다.

대학 시절, 엄마의 주폭을 견디다 못해 그대로 집을 뛰쳐나온 적이 있다. 내 방보다 포근한 친구의 집에서 한동안 마음 놓고 잠들던 사이, 내 휴대전화는 엄마의 광기로 도배되고 있었다. 어디야, 실종 신고하기 전에 전화 받아, 엄마 죽어야 받을래, 정아 연락 좀 줘, 못돼 처먹은 가시나 들어오면 패직이뿔거다. 답장을 하지 않는 동안에 나는 하루에도 몇 번씩 어디서 지내고 있을까 걱정스러운 막내딸이 되었다가, 엄마를 죽고 싶게 만드는 천하의 나쁜 년이 되길 반복했다. 이렇게 말하면 어떻게 들리려나. 고백하건대 딸의 무응답에 반쯤 미쳐가는 듯한 엄마의 메시지를 보며 나는 묘한 쾌감을 느꼈다. 왜 그간 이 간단한 가출 한번 하지 않았을까. 진작 나올걸. 엄마만 나를 괴롭힐 수 있는 게 아니라 나도 엄마를 쥐고 흔들 수 있었네. 어디 한번 불안해서 온몸이 뒤틀려봐라 하면서.

    엄마와의 삶은 행복은 차치하고 숨이 막혀 죽을 것 같았다. 나는 살아야 했다. 첫 가출 후 걸핏하면 집을 나오다 대학 졸업과 동시에 독립했다. 망설임 없이 열 수 있는 현관문부터, 취객이 들이닥칠 일 없이 고요한 침대, 마음 편히 쉴 수 있는 공간 자체가 내게는 처음이었다. 집이라는 게 이렇게 들어가고 싶은 곳이었다니. 새로운 행복을 발견하는 재미로 매일을 채웠다. 가족과 함께라는 고통에 비하면 월세는 우스웠다. 월급의 전부를 생활비에 쏟아야 한대도 그만한 가치가 있었다. 그렇게 잘 살아낼 만하면 엄마에게서 몇십 통의 부재중과 메시지가 날아왔다. 사회라는 또 다른 전쟁터에서 살아남으려니, 그녀를 받아줄 품이 더 좁아졌다. 소리치며 싸우는 것에도 지쳐 휴대전화를 엎는 날이 늘었다. 온갖 협박들로 바짓가랑이를 붙잡는 엄마를 뿌리치는 것쯤은 이제 너무도 간단한 일이 되어 버렸다. 바늘 도둑이 소도둑 되듯 내 불효의 크기도 자연스레 커졌다. 그녀의 연락을 받지 않는 것이 하루에서 일주일, 그러다 몇 달, 결국엔 1년을 넘기기도 했다. 울리는 전화벨 소리에 벌렁거리는 가슴을 부여잡던 소녀는 독립하던 그날 밤 죽었다. 일말의 죄책감 없이 수신 차단 버튼을 누른다. 이제 외면은 내게 생존 방식이다.

가끔은 마음 한편이 얹혀 캑캑댔다. 오빠의 주먹질에 꼬꾸라졌던 엄마의 뒷모습이 떠올라서. 그럼에도 돌아갈 수 없었다. 나 혼자라도 행복해지고 싶었으니까. 엄마가 결혼에 실패한 것도, 빚더미에 앉은 채 자식 둘을 혼자 키워야 했던 것도, 그러다 술 없이는 하루도 살지 못하게 된 것도 내 탓이 아니었다. 책임 없는 엄마의 불행을 함께 짊어지기엔 억울해 견딜 수 없었다. 헤어져야 비로소 사는 가족도 있다. 적어도 내게는.

잠적하는 것을 넘어 엄마를 인생에서 완전히 도려내야겠다 싶던 순간들을 나열하자면 끝도 없다. 내 감정을 인정해 주지 않아서, 자신의 불행을 내게 나누며 자꾸만 죄책감을 심어 줘서, 아들밖에 몰라서. 그중에서도 뺨 한 대를 얻어맞은 듯 정신이 번쩍 들었던 순간은 사랑하는 사람에게 화내는 내 모습에서 엄마를 보았을 때였다. 신랑과 연애하던 시절, 싸우다 말고 그런 말을 했었다. 그 부모에 그 자식이라더니 피는 못 속이는 건가 봐. 좀 전에 나 우리 엄마랑 똑같았다고. 난 절대 좋은 엄마가 될 수 없을 거라고. 죽어도 아이를 낳지 않겠다며 엉엉 울었다.

그토록 닮기 싫은 그녀를 여전히 엄마라 부른다. 우리의 연결고리를 끊어내고 싶을 때마다 그놈의 '어려운 상황 속에서도 나를 버리지 않고 키워냈다'는 사실이 발목을 잡는 탓이다. 남들과 다를 바 없는 직장 생활에 지쳐 쓰러질 때마다 '엄마는 이 힘든 걸 어떻게 평생 했지?'라며 그녀의 노고를 인정하게 되고 말았다. 세상 똑 부러지는 척은 다 해놓고 딸이라는 불치병 하나 극복하지 못했다. 결국 나는, 오늘도 엄마의 딸로 산다.

아마 우리에게 완벽한 화해라는 건 없을 거다. 아니지, 내게 필요한 건 화해가 아닌 사과겠다. 물론 그런 일이 일어날 리는 없다. 1년간 엄마의 연락을 차단했다 풀었던 날, 미안하다는 메시지 뒤에 "근데 내가 이런 소리 들을 정도로 니한테 죄지은 거가?"라는 말을 보고 완벽히 깨달았다. 내 엄마는 절대 달라지지 않을 거라는 걸. 나는 불행히도 엄마를 너무 사랑해서 자꾸만 달라질 수 있을 거라는 희망을 가졌고, 다행히도 나를 더 사랑해서 다시금 도망칠 수 있었다.

어릴 때부터 그녀는 감정이 격해질 때마다 목숨이나 관계로 나를 겁박했다. 엄마만 없어져 주면 되겠네, 니는 맨날 내 연락 씹으니까 엄마 죽어도 모르겠네 하면서. 덕분에 일찍 깨달았다. 엄마는 죽을 의지도, 자식과 연을 끊을 용기도 없는 사람이라는걸. 이 관계의 키는 내가 쥐고 있었다. 실오라기가 느슨해져 떨어질락 말락 한 단추처럼 우리의 관계 역시 아슬아슬하다. 정확하게 말하면 엄마는 차마 끊을 수 없는 그 실오라기를 내가 언제 눈이 돌아 끊어버릴지는 나도 모른다. 그러니 아직은 불완전한 해방이라 하겠다, 지금의 내 삶을. 애정 섞인 안부를 주고받다가도 이 평화가 오래가지 못할 것이라는 걸 나는 서럽게도 잘 안다. 불쑥 찾아올 엄마와의 전쟁 앞에서 언제고 차단 버튼을 누를 준비가 되어 있다. 어디 한번 건드려 봐라, 죽고 못 사는 딸년 얼굴 또 못 보게 될 테니까 하면서. 비겁하고 잔인하대도 별수 없다. 그간의 세월에 대해 제대로 된 사과 하나 받을 수 없다면 나도 딸을 향한 엄마의 집착 묻은 사랑을 이용해 먹을 수밖에.

언젠가 우연히 펼쳐 든 책에서 그런 이야기를 봤다. 가정 내에서 겪었던 힘든 이야기를 엮어 책을 냈더니, 그걸 읽은 가족들이 분노해 연을 끊게 됐다는 이야기. 그 대목을 읽는 순간, 어쩌면 그게 내 미래가 될지도 모르겠다 생각했었다. 대체 가족이라는 게 무엇이고, 효도와 불효의 기준은 뭘까. 피가 섞였다는 이유로 모든 걸 용서하는 게 맞는 건가. 지 인생 알아서 잘 사는 게 최고 효도라는데, 나 정도면 효녀 아닌가. 아니다. 온 세상 사람이 다 볼 수 있는 책 속에 엄마의 민낯을 언급해 버렸으니 공식적인 불효꾼이 된 거나 다름없으려나.

그렇다면 아직 어떤 것도 끝맺을 수 없음에도, 나는 나답게 살기 위해 불효를 선언하겠다. 누군가를 사랑하지 않기로 마음먹은 것조차 그들을 사랑했던 흔적이라는걸, 가족으로 인해 배웠다. 누가 뭐래도 나의 원망과 치졸함은 정당하다. 그렇게 오늘도 조금씩 더 완벽한 불효를 향해 나아가고 있다. 케케묵은 억울함과 조금은 느슨해진 족쇄를 끌어안고서.

부산에서 S와 고양이 아리와 살고 있습니다. 예술가를 꿈꾸며 철없이 탈없이 지내기를 소망합니다. 사랑하는 마음으로 미움을 걷고, 우리 행복하기로.

여자를 사랑한 딸이 있었네

지난 설, 어쩔 수 없는 마음으로 향한 본가에서 잠이 오지 않는 밤을 달랠 수 있는 것은 오랜만에 마주한 내방 뒤지기였다. 이제 거의 엄마의 방이 된 그곳에서 철지난 일기장을 들추며 익숙한 글씨체, 순수하고 악했던 과거를 마주하며 그리움일지 죄책감일지 모를 감정들이 몰려왔다. 스스로를 도덕적으로 나쁘다고 평가할 수는 없지만 내가 나를 취급하는 태도가 마음에 들지 않았다. 그것이 미안했다. 다 읽은 노트들을 제자리에 두다가 '딸램'이라고 쓰인 표지의 노트를 구석에서 발견했다. 딸램은 부산 사투리로 딸이라는 뜻이다. 이 노트는 중학교 2학년 때 미래에 내가 낳을 딸을 위해 쓴 일기장이었다. 아마도 그 당시에 반했던 반장의 이름이 잔뜩 쓰여있고 너의 아빠가 이 사람이 맞냐는 질문들이 매 페이지마다 즐비할 것이다. 이 아이는 죽었다 깨어나도 상상도 못할 현재를 살고 있다. 너가 몰랐던 나를 발견했다는 말을 전할 수 없어 아쉬웠다. 그러니 현재의 나에게 말해야 했다. 과거의 내가 아닌 현재의 나를 나는 잘 알고 있는지 계속 묻기로 다짐했다.

곤란한 마음이야 세상사 다 비슷한 것을, 나만이 겪는 일도 아니지만. 살면 살수록 견뎌야 하는 일은 더 많아진다는 사실이 제일 곤란하다. 세상에 태어난 날로부터 멀어질수록, 고난의 질감이 점점 정교하고 섬세해진다. 고난은 감당할 만큼만 온다는데. 나는 얼마만큼 강하다는 말인가. 잠들지 못하는 새벽에는 질문도 의문도 문장도 길어진다.

긴장감이 필요할 때면 떠올리는 순간이 있다. 빨래 더미 속 미처 빼지 못한 담배를 엄마에게 들켰을 때. 서랍 깊숙이 숨긴 임신테스트기를 아빠가 찾아냈을 때. 1초만에 아찔함과 긴장감을 탑재 가능한 두 사건. 뻔뻔한 얼굴로 담배도 임신테스트기도 영화 소품이라며 둘러댔지만(영화과 만세!) 능청스러움도 순발력도 통하지 않을 때는 어떻게 하면 좋을까. 그때 나의 천역덕스러운 얼굴을 과연 두 사람이 못 읽었을까? 돌이켜보면 심장이 발끝으로 내려앉을 것 같은 그날의 계절도 까먹었다. 시간이 기억을 이겼다(시간 만세!). 그리고 지금, 시간에게 말길 수 없는 초특급 곤란함이 생겼다. 숨길 수 없고 도망칠 수도 없는 어떤 사실 앞에 나는 서 있다. 시간이 해결해 준다? 그런 순진한 믿음은 없다. 엄마, 아빠 미안. 나도 어쩔 수 없는 여자인가봐.

    몇 년 전, 번개에 맞은 것처럼 여자를 사랑하게 됐다. 눈이 번쩍, 믿을 수 없는 일이 벌어진 것이다. 수염 나고 머리가 긴 마초같은 남성이 이상형이던 내가 일렁일렁 물결같은 유연한 아름다움에 반할 거라고는 상상도 하지 못했다. 6년을 그저 지인으로 서로를 알던 우리는 어쩌다 서로의 매력에 빠져 연인이 되었다. S와 나는 거의 모든 분야의 취향은 반대였지만 제법 잘 어울린다. 30대의 연애가 으레 그렇듯 평생을 함께하기로 약속했다. 이 결정은 내가 살아오며 내린 선택 중 가장 솔직하고, 절박한 것이었다고 말할 수 있겠다. S와의 일상 속에서 나를 꾸밀 필요도, 다른 인격을 연기할 필요도 없다는 사실은 휑한 거리에 혼자 덜렁 서 있는 기분이 들게 만들었다. 신호등도 없는 횡단보도에서 달리는 차도 자전거도 없는데 어쩐지 건너지도 못하고 안절부절, 나를 조종하는 리모컨이 있었으면 하는 그런 기분. 해방의 첫인상은 그랬다. 어깨 속이 간지럽고 무언가 잘못된 것이 아닐까 자꾸만 사방을 둘러봤다. 잠이 든 S를 한참 바라보는 순간이 많았다. 이 아이는 뭘 믿고 내 옆에서 쿨쿨 자고 있는 것일까. 알 수 없는 조바심에 흔들어 깨우면 중얼거리며 내 손을 잡아주었다. 그런 날들을 지나 차츰 내가 서 있는 자리를 가늠할 수 있었다. 디톡스라도 하듯 나는 S에게 내 독소들을 털어놓았다. 아빠에게 물려받은 상습적인 거짓말. 사람들의 눈밖에 나고 싶지 않아 거짓말을 하는 습관과 통제할 수 없어 괴롭지만 그것이 생존 방법이었다는 이야기. 사랑받고 싶어 무엇이든 행했던 지난한 세월들. 누구에게도 털어놓을 수 없던 비밀들을 일 년에 한 번씩 일기장에 빨간색 펜으로 늘어놓고 풀로 봉인하던 어린 나. 의사소통이 가능한 존재에게 말할 수 있을 것이라 생각하지 못했던 폭로들은 나를 맨얼굴로 만들었다. 어디서 상을 탔다거나 자격증을 쥐어주는 그런 업적은 아니지만 나를 오롯이 드러내는 것, 나를 마주하는 것은 그 어떤 업적보다도 귀하고 소중했다. S는 내게 안전한 기분을 들게 만들었다.

몇 년 전 여름, 불안증에 시달려 상담을 받게 되었다. 상담 선생님은 왜 불안한 것 같냐 물었다. 당시 내가 유추해본 불안증의 원인은 불안정한 경제 생활이었다. 선생님은 나의 일상, 관심사, 친구 관계에 대해 물어봤던 것 같다. 웬일인지 자꾸만 아빠에 대한 이야기가 튀어나왔다. 아빠가 내 인사를 받아주지 않아 하루의 시작을 망치고 아빠 눈치를 보느라 진이 빠지고 아빠에게 몇 달간 투명인간 취급 당했던 순간들에 대해 눈물을 흘리며 우수수 털어놓았다. 선생님은 왜 자꾸 아빠 이야기를 꺼내냐 물었다. 내 문제는 불안정한 경제 생활로 생긴 불안증인데 대화의 시작과 끝이 아빠라는 점이 이상하다고 했다. 아빠 때문에 내 심장이 쪼그라드는 것 같다는 이 사연은 나의 불안증과 무관하다는 것이었다. 참 이상한 기분이었다. 자꾸만 아빠를 탓하는 나도 아빠를 탓하지 말라고 하는 선생님도 다 이상했다. 상담이 끝나고 그늘도 없는 폭염 속에서 담배 캡슐을 이빨로 터트리며 영원히 이 문제를 해결할 수 없겠구나 좌절했다.

결국, 총 여섯 번의 상담 중 세 번 밖에 가지 못했다. 그렇다고 상담 선생님이 전혀 도움이 되지 않은 것은 아니었다. 내가 가족과 분리될 수 있어야 한다는 것을 들었을 때, 진정으로 독립을 바랐다. 돈도 깡도 없어 독립을 못하다가 그로부터 반년 뒤 S를 만났고 비로소 어느 정도 떨어져 나갈 수 있었다.

독립을 하고 자유를 만끽하는 한편, 엄마는 계속해서 서운함과 슬픔을 공유했다. 이따금 본가에 들르면 내 얼굴을 뚫어져라 쳐다보며 왜 연락을 자주 안 하는지 물었다. 거기에 지쳐서 매일 전화를 하던 시기도 있었다. 그럼 수화기 너머로 왜 자주 집에 들르지 않냐는 질문에 시달렸다. 엄마의 요구는 끝이 없었다. 같이 살았을 때에는 왜 같이 시간을 보내지 않냐고 속상함을 토로했다. 숨이 막혔다. 당신에게서 멀어지고 있다는 감각을 누구보다 민감하게 알고 있으면서도 내가 왜 멀어지는지는 알지 못하는 엄마. 당신의 희생과 사랑을 알기에 도저히 무시할 수도 없었지만 그 만족이란 어떻게 해야 채워진다는 말인가. 비오는 날이면 떡볶이를 사들고 비디오 방에서 서로 보고 싶은 영화를 골라 하루를 보내던 시절은 지나가버렸다. 자식들이 어른이 되고 삶의 의미가 흐릿해져 우울감에 빠지는 엄마에게 죄책감을 느끼면서도 나는 외면하고 있다.

'너는 우리'

엄마가 지은 가족 단톡방의 이름이다.

20대 중반까지 친구를 사귀는 것이 어려웠다. 밤을 지새며 영화를 함께 찍고 길거리에서 숙식을 해결하던 동기, 선후배도 자연스럽게 멀어졌다. 슬프다기보단 혼자라는 감각에 익숙해지기로 했다. 한편, 연애에서만큼은 달랐다. 자주 실패하는 연애였지만 매번 절실하게, 마지막처럼 굴었다. 언제나 이 사람과 결혼을 할 것이라는 마음으로 연애를 했다. 부모님은 당신의 남편, 아내 말고는 친구가 없는 사람들이다. 평생을 보고 자란 것이 가족만 바라보고 사는 삶이니 나는 친구는 없어도 남편은 있어야 한다고 믿었다. 결혼을 하고 가정을 이루면 외로울 일도 없고 부모님께도 인정받는 행복한 삶을 살아갈 것이라 굳게 믿었다. 그것이 나의 계획이었다. 누군가에게 사랑받는 사람, 자랑스러운 사람, 누군가의 아내, 누군가의 엄마가 되는 것. 되도록 빨리 그런 삶을 살고 싶었다. 그런데 그렇게 그려본 청사진이 나와 닮지 않았다는 것을 내가 어떻게 알 수 있었을까. 아빠는 나에게서 희망을 찾기는 어려웠는지 작년부터 아직 결혼도 안 한 남동생에게 손주 타령을 시작했고 엄마는 몇 년 전부터 아기 옷을 만든다. 내가 한 일이라고는 인공지능 앱의 힘을 빌려 내 사진과 S의 사진을 합성해 세상에 태어날 수 없는 여자 아이와 남자 아이 사진을 생성해본 것 뿐이다. 나는 S를 조금 더 닮은 아이가 더 이뻐 보였고 S는 날 조금 더 닮은 아이를 이쁘다 말했다.

나는 지독한 짝사랑꾼으로, 사랑 빼면 시체라고 감히 말할 수 있다. 유치원 때부터 항상 좋아하는 남자애가 있었고 반이 바뀌면 새롭게 좋아할 아이를 찾았다. 사랑에 빠진 내가 좋았고 짝사랑일지라도 사랑을 하는 것이 일상의 큰 원동력이 되었다. 그런 내가 사랑에 빠졌다는 사실이 두려웠던 적은 처음이었다. 열 살 많은 사람과 연애를 할 때에도 알콜 중독자와 연애를 할 때에도 여자를 돈 주고 사본 경험이 있다고 털어놓은 사람과 연애를 할 때에도 두려운 적이 없었는데. 좋아하는 것 같다는 감각만으로도 무서웠다. 나는 곧바로 엄마 아빠의 얼굴이 떠올랐고 그들에게 털어놓을 수 없는 사랑을 한다는 것은 있을 수 없는 일처럼 느껴졌다. 동성결혼이 법적으로 허락되지 않는 이 나라에서, 사랑이 커질수록 존재하지 않는 사람이 된 것만 같았다. 소속될 수 없고 보호 받을 수 없고 인정 받을 수 없는 사랑. 현실은 지독하게 매정했다. 일기장에도 섣불리 무언가 쓰지 못하던 나의 머릿속을 진정시키는 것은 S의 반듯한 얼굴이었다. 저 사람에게 느끼는 이 감정에는 어떤 강요도 결핍도 없다. 비밀이 늘었지만 사랑이 두려움을 이겼다.

자칭 세기의 사랑을 가장 먼저 알아차린 사람은, 아이러니하게도 엄마였다. 어느 날 거울 앞에서 "엄마, 내 꼴 좀 봐봐" 하며 웃었다. 다크서클에 퀭한 얼굴. 내 꼴이 너무 웃겨 오랜만에 엄마 앞에서 깔깔 웃었다. 엄마는 잠시 나를 보더니 말했다. "니 연애하제?" 그날의 충격이 아직 생생하다. 그때 연애를 시작한 지 겨우 며칠, 상대는 여자. 아무 말도 하지 않았는데. 어디서 들킨 거지? 나는 조그맣게 "왜?"라고만 되물었고, 엄마는 말없이 나를 바라보다 대답했다. "니 얼굴이 빛나."

그 순간, 나는 모든 걸 말할 뻔했다. 어떤 여자가 나타나 나를 빛나게 한다고. 어쩌면 평생을 함께하게 될 것 같다고. 하지만 그 말은 끝내 나오지 않았다. 엄마가 무너질 표정이 너무 생생하게 떠올라서. 이후로도 현재까지 모녀는 용기가 없다.

집을 나오게 된 것은 S가 혼자 살고 있어 동거를 하기 좋은 조건이기도 했지만 당시 본가에 큰 일이 생겼었다. 그 일에 포함된 모든 사람들이 내게 의지하는 바람에 마음의 짐이 무거웠다. 나는 직접적인 연관이 없었음에도 적극적으로 해결을 하고자 노력했다. 그것이 맏이의 역할이니까. 이 집은 항상 이런 식이었다. 무언가 큰 일이 생기면 다들 정신을 못 차리고 내가 발 벗고 나서서 일을 해결했다. 다시는 떠올리고 싶지 않는 순간들이 스친다. 엄마 아빠에게 한 번도 그 일들로 생색낸 적도 없지만 가끔은 미친 척하고 그때의 일들을 말하고 싶을 때가 있다. 내게 어떤 표정을 지을지 상상해보기도 한다. 하지만 그러지 못했다. 내가 겨우 할 수 있는 말이라고는 "나도 너무 힘들다"였다. 이 말조차도 입 밖으로 꺼내기 어려워 눈물을 훔쳐가며 문자를 보냈다.

'니가 그래도 우리 집에서 제일 정신이 건강하지 않니.' 엄마의 회신이었다. 내 정신은 전혀 건강하지 않았다. 아빠의 한숨에, 엄마의 눈빛에 무너지던 시절이었다. 꺼이 꺼이 우는 것 말고 생각나는 해결책이 없었다. 엄마가 내게 욕을 한 것도 인신공격을 한 것도 아니지만 그가 했던 말 중에 제일 상처로 남은 말로 기억된다. 그날로 집을 나와 S와 함께 살게 되었다.

집 밖의 집은 평화로웠다. 때로 걸려오는 전화는 순간순간 날 흔들어 놓았지만 점점 나의 뿌리를 옮겨갔다. S와 함께 사는 고양이 덕분에 매일 알레르기 약을 먹어야 했지만 그 어떤 방해물이 되지 않았다. 내가 그린 청사진에서 멀어질수록 평온해졌다. 그리고 당연히 이 사실을 엄마는 알아차렸다. 하지만 나에게 묻지 않았다. 알면서도 외면하는, 그 불편한 거리감. 그 거리감이 처음에는 내가 따낸 메달처럼 느껴지기도 했다.

아빠는 나의 배경 사진을 보고 S가 나의 배우냐고 물었다. 엄마는 S에 대해서 묻기 보단 S의 부모님에 대해 물었다. 두 사람 다 내가 누군가의 집에 얹혀 사는 것이 매우 불만이라고 했다. 나는 타투를 들켰을 때처럼 아무 대꾸하지 않았다. 되돌릴 수 없다는 것은 나도 알고 둘도 알고 있다.

몸이 떨어지니 아빠는 내게 친절해졌고 두어 달에 한 번 본 가족과 만나는 삶에 만족하고 있었다. 그러던 어느 날 엄마가 말했다.

"니 인생, 리셋했으면 좋겠다."

리셋. reset. 다시 맞추다. 다시 제자리에 놓다.

엄마는 아마도 내가 언젠가는 이 사랑을 끝내고 '정상 궤도'로 돌아올 거라 믿는 듯했다. 청춘의 실수, 그 정도로 생각하는 것 같았다. 엄마가 초조해진 이유에는 줄줄이 결혼 소식을 알리는 또래 사촌들에게 있다는 것을 금방 눈치 챘다. 나 역시도 그 소식에 작게나마 압박을 느꼈으니까.

하루를 함께 보내던 시절, 엄마와 나는 빨간 머리 앤을 동경했다. 소설책도 함께 읽고 때론 만화책도 빌려 읽으며 우리가 만든 가족으로 초록 지붕 집을 짓자고 말했다. 엉뚱하고 사랑스러운 앤이 되어 나만의 길버트를 만나 아이들을 낳고 아름답게 살아가는 삶. 우리는 또한 알고 있었다. 소설에서 앤이 제일 사랑하던 아들이 전쟁에서 죽었다는 것. 모든 이야기는 행복할 수만은 없다는 것 역시도. 리셋. 엄마는 언제로 돌아가고 싶은 것일까. 돌아간다면 나는 엄마가 원하는 삶의 자리에 다시 설 수 있을까.

앞서 말했던 것처럼 '순리'에 맞게 남자와 연애하던 시절도 있었다. 그때도 곤란하긴 마찬가지였다. 지금에 비해 날씬했던 시절임에도 엄마는 남자친구에게 미안하지 않냐며 다이어트를 종용했다. 아빠는 내가 입는 옷들을 보고 며느릿감으로는 탈락이라며 있지도 않는 시부모 걱정을 했다. 과일 깎는 법, 편식, 타투, 피어싱. 나는 항상 '결혼을 위한 여자'의 기준에서 벗어나 있었다.

엄마는 차라리 그 시절이 나았다고 생각할 수도 있다. 하지만 나는, 결혼 제도에서 벗어나고자 여자를 선택한 것이 아니다.

"리셋하고 싶다"는 말에 나는 대답한다.

"살면서 지금이 제일 행복해."

그럼 엄마는 정지한다. 눈도 깜빡이지 않는다. 호흡도 생각도 멈춘 것이 눈에 보인다. 그 침묵의 무게에도 아무렇지 않은 척 한다. 엄마도 나도 그저 서로를 쳐다볼 뿐이다.

S과 평생을 약속하고 2년이 훌쩍 지나, 스스로가 아주 의연해진 줄 알았던 어느 날. 친구의 결혼식에 갔다. 고속버스를 타고 2시간 반을 가는 내내 우리만의 결혼식은 어떻게 할지 S

와 이야기를 나눴다. 오늘 결혼식을 잘 보고 참고하자는 대화도 나눴다. 식장으로 가는 길에는 벚꽃길이 펼쳐져 마음이 벅찼다. 어떤 흠도 없는 맑은 마음으로 도착한 곳에서 아름다운 신부를 보며 진심으로 감동했다. 내가 고장난 것은 친구의 아버지가 긴장한 얼굴로 무대에 올랐을 때였다. 친구의 손을 잡는 손과 진심어린 박수를 치는 친인척들. '아, 저게 우리 아빠가 평생을 꿈꿔온 순간이구나.' 나는 숨이 멎을 것 같았다. 이 정상 사회가 만들어낸 축복 아래에서 나는 내 주위 존재들을 오염시키는 곰팡이가 된 것 같았다. 저 짧은 순간도 선사할 수 없는 균 덩어리. S에게 나가고 싶다고 했다. 설명을 길게 할 수 없었다. 울컥하는 마음들을 꾸역 꾸역 삼키며 S의 손을 잡고 조용히 식장을 나왔다. 밖에는 비가 내렸다. 방금까지 반짝이던 햇빛은 사라지고 우중충한 하늘과 시끌벅적한 주위가 머릿속을 어지럽혔다. 슬펐다.

수능을 다시 보라고 하면 볼 수 있다. 대학을 다시 가라면 갈 수 있다. 하지만 나는 엄마 아빠가 원하는 방식의 결혼도, 손주도, 사회적 '정답'도 줄 수 없다.

나는 딸이다. 그냥, 딸. 그들의 언어로는 설명되지 않는 사랑을 하는 딸. 나는 그들의 트로피가 아니지만 마음 속 깊숙이 트로피이고 싶은 마음이 여전히 있었던 것이다. 자랑이 되고 싶다. 인정받고 싶다. S는 내게 괜찮냐 물었다.

"사랑해요."

사랑은 모든 것을 이기지만 또한 파괴력이 있다. 커밍아웃을 한다고 해서 그 모든 것이 끝나는 것도 아니다. 엄마는 자신의 부모에게, 형제자매에게, 그들의 가족에게까지 나의 사랑을 감추거나 변명해야 할 것이다. 내가 감당할 수 있는 진실을 부모에게 넘기고 싶지 않다. 그들이 살아온 방식으로, 또 내게 기대한 방식으로 내가 살지 못한다는 사실을 받아들이게 하는 일은, 그들에게 너무 가혹하다. 애석하게도 나는 아직 그들을 걱정한다.

서른이 넘은 딸이 결혼은 언제 하냐, 아이는 낳을 거냐 묻는 일은 흔하다. 상대의 나이, 직업, 집안까지 물어야 안심이 되는 사람들이 있다. 그런 사람들 앞에서, 엄마 아빠는 침묵하거나, 말을 돌리거나, 거짓을 택해야 할 것이다. 나의 사랑이 그들에게 이해되지 않으면, 나는 결국 그들에게 '정상 사회'에서 '비정상'으로 살아간다는 감각을 물려주게 된다.

그래서 평생 독신인 것으로, 조용히 불효를 마무리하고자 한다. 그 선택이 나의 사랑을 설명하지 못하는 비겁한 결론이라 할지라도, 소수자로 살아가는 것이 이 사회에서 얼마나 버거운 일인지 그들에게 물려줄 수는 없다. 이미 그들은 너무 늙어버렸다. 나는 그들보다 조금 더 강하니까. 내가 감당해야 할 몫이 있다면 기꺼이 안을 수 있다. 그래서 나는 나의 삶을, 나의 집을 지을 것이다. 두 사람을 나의 집에 초대할 수 없다는 사실은 쓸쓸하지만, 그들이 이 집에 들어오려면 아빠가 지지하는 정치인의 말들을, 엄마가 떠놓은 아기 옷을 버려야 할텐데 그것이 가능할 것이라고 생각되지 않는다. 언제나 어려운 것은 내가 떠안았으므로.

    사랑으로 시작되어, 사랑으로 끝나길 바라는 것. 내가 바라는 것은 결국 그 한 가지다. 한때는 그 사랑이 부모님이 지켜보는 결혼식장의 모습이라 생각했다. 아득한 과거의 소망들을 민들레 홀씨처럼 불어버리고 나는 앞으로의 인생을 그려본다. 내가 선택한 사람과 가족을 이루는 것. 너무 길었던 혹은 짧았던 시절은 막을 내렸다.

원효서

TK장녀, 생활보다 취미에 집착하는 편, 읽고 쓰고 보고 그리기를 좋아합니다.

엄마 뒷담화 대장정

임신 7개월이 지나도 이상하리만치 배가 불러오지 않았다. 속설대로 딸이어서 그런 건지, 아기가 작아 배도 작은 건지, 아니면 내 복부가 적당히 넓은 건지 알 수 없었지만, 엄마는 나를 만날 때마다 배가 너무 안 나왔다고 중얼거렸다. 체중이 10kg이나 불었지만 임신부답지 않은 모습이 잘못인 양 지적하는 말투. 20대 중반, 목욕탕에서 내 몸을 아래위로 꼼꼼하게 훑어본 다음, 딱 1kg만 빼면 정말 예쁘겠다고 말할 때와 비슷한 톤이었다. 똑똑하고 공부 잘하는 딸, 늘씬하고 싹싹한 딸, 적당한 시기에 결혼하는 딸, 엄마·아빠를 위하는 착한 딸에 이어 활기 넘치고 사랑스러운 임신부이기를 바라는 엄마. 엄마는 딸의 외모만 짯짯이 볼 뿐, 임신 이후 쭉 우울하고 힘든 딸의 마음(호르몬 탓일지 모르겠지만)에는 관심이 없었다.

　엄마는 임신한 나에게 부탁했다. 며칠 전에 아빠 동생이 또 밤중에 찾아와 괴롭혔으니, 시간이 있으면 며칠 시골에 와 있어 달라고. 작년 추석날 밤 술에 취한 삼촌이 아빠에게 헛소리하는 동안 큰딸이 옆에서 지켜보고 말을 끊어주었을 때, 아빠가 아주 든든했던 모양이라고.

　나는 소리를 버럭 질렀다.

　"내가 임신한 몸으로 그런 일에 신경을 써야 해? 내가 그 인간 찾아가서 싸워 줘? 인연을 끊으라고 했잖아!"

　퍼뜩 정신을 차린 건지 그저 내 눈치를 보는 건지 엄마는 황급히 전화를 끊었다. 씩씩거리며 혼자 큰소리로 욕을 내뱉었다. 태교에 정성을 들이지도 않았지만, 태동을 느끼며 쌍욕을 하고 싶지는 않았다. 삼촌을 찾아가 내 입장을 알려야 할지 진지하게 고민했다. 우리 엄마 패물 팔아서 도망쳤다고 했죠? 합의금도 아빠가 줬다면서요? 우리는 용돈도 못 받고 자랐어요.

　엄마가 유아차를 사주마하고 찾아왔을 때, 일부러 비싼(그래봤자 사치라고 할 수준은 아닌) 유아차를 골랐다. 엄마·아빠는 내 결혼에도 내가 빌려준 돈에서 조금 초과한 금액을 썼을 뿐이었고, 이사했을 때는 소파를 사주겠다던 약속을 지키지 않았다. 마침, 엄마가 가장 사랑하는 아들에게 목돈 들어갈 일이 생겨 나도 소파 사달라는 말을 꺼내지 못했다. 시가에서 집을 마련해 주었고, 살림살이는 결혼 후에 내가 모은 돈으로 채웠다. 그리고 그해 가을, 엄마는 시골집 거실에 전면책장을 설치해야 한다며 내가 운전하는 차를 타고 가구점을 찾았다. 75만 원짜리 유아차로 덮을 수 있는 일은 없었지만, 다 지난 일에 돈을 달라는 말은 나오지 않았다. 애당초 엄마와 나 사이의 문제가 돈 문제는 아니었으니까, 치사하게 돈 이야기를 써서 엄마의 잘못을 낱낱이 밝히려는 다짐은 더 졸렬하고 찐득한 마음에서 나온 것이니까.

결혼 전에는 엄마를 미워한 적 없었다. 할머니 품에서 자라는 동안 엄마는 간절한 그리움이었고, 다시 엄마와 함께 살던 중고등학교 시절에도 까칠하게 대할망정(사춘기니까) 엄마는 내 사랑이었다. 대학에 가서 술 마시고 다니느라 엄마 속을 썩였지만, 큰 걱정을 안긴 적은 없었다. 내가 학업도 취직도 제대로 하지 않아 엄마·아빠가 실망하기는 했지만, 나는 엄마를 한순간도 미워하지는 않았다. 고생을 많이 한 엄마, 억울한 엄마, 가여운 엄마, 불쌍한 엄마…. 언제까지나 내가 지켜주어야 할 마음 여리고 소녀 같은 우리 엄마. 자기 엄마를 욕하는 친구들을 속으로 욕하던 나는 결혼 적령기(이따위 단어가 없는 세상은 없었나)에 접어들면서 결국 엄마를 미워하게 되었다.

서른한 살, 십여 차례 선과 소개팅에 나갔다. 세상살이와 인간관계에 지쳐 결혼을 도피처로 삼고 싶어진 자신이 스스로에게 부끄러웠지만, 대학 입시 이후 처음으로 목표를 세운 만큼, 이번에야말로 성공하고 싶었다. 괜찮은 결혼 상대라고 추천받은 사람들은 한 가지씩 괜찮았다. 직업이 괜찮거나 키가 크거나 집안에 돈이 많았다. 정수리가 휑하거나(키가 나보다 작아서 그만 머리꼭지를 내려다보고 말았다) 혼자 말하고 혼자 웃거나, 맥락 없이 내 어깨에 손을 올렸다. 친구들은 동호회에 나가보라고 했지만, 나는 음주 외에 내세울 만한 취미가 없었고, 술 마시는 모임의 위험성 정도는 아는 어른이었다. 친구들이 소개해 주는 사람들도 두 번째 만나면 이미 나를 애인처럼 대해서 세 번 만날 수 없었다.

선을 보면 볼수록 내 안에서는 무언가가 깎여나갔다. 어색한 첫 만남과 의례적인 문자로 두 번 다시 만나지 않는 사람들, 애매한 감정으로 두세 번 만나서 유쾌하지 않은 기억이 된 사람들에게 내가 기억되지 않기를 바라게 되었다. 나의 눈과 기준, 어디까지 낮추어야 알맞은 짝을 만나는 걸까? 엄마가 소개한 사람 중 둘만 골라 설명해 볼까? '108배 남자'와 '폴로셔츠 남자'가 대표적 인물이다. 회사에서도 휴식 시간에 108배를 할 정도로 불심이 깊다던 남자는 내 옆자리에 앉아 영화 「그래비티」를 보면서 졸았다. 박근혜의 연설문을 칭찬했고, 나의 손톱이 예쁘다며 손을 잡았다. 마지막으로 만난 날, 정식으로 사귀기 전에 사주 궁합을 보러 가자던 그는, 엄마 말대로 앞니가 가지런하니 예뻐서 인상이 좋았지만 내 인연이 아니었다.

폴로셔츠 남자는 첫인상이 좋았고, 그쪽에서 나를 굉장히 마음에 들어 했기 때문에 꽤 여러 번 만났다. 영화 「스타트렉 2」를 재미있게 보았고, 오리고기도 먹으러 갔다. 긴 시간 카페에 앉아 대화를 나누기도 했는데, 역시 선이라 그런가? 3주 정도 주말마다 만나고 연락을 주고받았더니 자연스레 사귀는 듯 굴어서 내 쪽에서 그만 만나자고 메시지를 보냈다. '잘 지내라'라고 산뜻하게 답장을 보낸 그가 몇 달 후에 다시 한번 카톡을 보냈을 때 나는 관심받는 자의 예의로 한마디 대답도 보내지 않았다. 만약 '왜 나를 더 이상 만나지 않는 거야?'라고 이유를 물었다면 상세히 대답했을 텐데.

엄마는 폴로셔츠를 아쉬워했다. 아버지가 부자여서 대구에 아파트를 사주겠다고 한 점, 시골 사람이지만 농사를 짓지 않는 점을 높이 샀다. 내가 밭일을 도와주러 갔던 날, 엄마는 일면식도 없는 그를 입에 침이 마르도록 칭찬했다. 착하고 성실하다고(어떻게 알아?), 너 좋다고 하면 마음에 덜 들어도 참고 좀 더 만나보라고(그랬으면 스무 살에 결혼했겠다?) 성화였다. 이미 다 끝난 일이라고, 선은 여러 번 만나서는 안 되는 거더라고 말했지만 설명이 부족한 모양이었다. 폴로셔츠가 어떤 잘못을 해서 거절당한 것인지는 아무도 모르는 상황이니 내가 해설할 수밖에.

"걔가 어떤지 알아? 토요일 저녁에 잠깐 만나고 일요일 오후에 만났는데 똑같은 연노랑 폴로셔츠를 입고 나왔어. 이 더운 날씨에 땀을 흘리면서 말이야. 티셔츠에 김칫국물이 묻어 있었어. 아침에 교회도 다녀왔다던데, 옷은 안 갈아입어. 손톱 밑이 새카매. 머리도 안 감았나? 동네 형님들이 같이 놀자고 전화가 왔는데 자기는 다방 여자들이랑 노는 거 안 좋아한대. 그런 말을 해, 마음에 든다는 여자 앞에서. 자기 친구들은 다방 여자들이랑 지금 놀고 있다고. 그래서 뭐 어쩌라고? 내가 다방 여자가 아니라서 고맙다는 거야? 또 뭐라는 줄 알아? 지는 옷도 안 갈아입었으면서 카페 직원이 화장 떡칠해서 꼴 보기 싫대. 그러면서 내 칭찬을 해. 화장이 과하지 않아서 예쁘대. 이런 말에 내가 기뻐해야 하나? 부모님이 자기 결혼을 서두른대. 자기는 별로 인기가 없어서 베트남 신부를 만나야 할 수도 있다고 아버지가 말했지만, 자기는 수입 여자는 싫대. 수입? 소고기 사니? 이 따위 말 하는 애를 내가 만나야 해? 엄마는 누구 엄마야? 내 엄마야? 걔 엄마야? 내가 싫다고 하면 싫은 거지. 걔가 나 좋다고 하니까 참고 만나라고? 엄마부터 나를 이렇게 무시하니까 세상이 나를 우습게 보잖아. 개나 소나 들이대잖아."

오만 가지 이유로 자존감 따위는 잃어버린 지 오래였지만,

엄마·아빠가 나를 업신여긴다고 느끼자 아득할 정도로 좌절감이 들었다. 이만하면 괜찮은 줄 알았던 내가 결혼 시장에서 이토록 헐값이라니, 정말 어디까지 내려가는 거지? 한동안 사람 만나기를 그만두었다. 좁은 인간관계에서 만날 만한 사람은 다 만난 것인지도 몰랐다. 이제 나도 다시 소위 '자만추'의 세계로 돌아가야 하나? 내 눈을 믿지 못해 선을 봤는데, 선이 이 모양이면 다시 내 눈을 믿어야 하나? 결혼이고 연애고 나발이고 귀찮아질 무렵, 모든 것을 내려놓는 심정으로 나간 선자리에서 만난 사람이 내 남편이 되었다. 우리는 결혼을 원하던 때에 서로를 만나 양가 부모들의 축복 속에 단 한 번의 싸움 없이 결혼했고, 신혼여행부터 맹렬하게 싸우기 시작했지만, 놀랍게도 10년이 넘게 잘(?) 살아가고 있다.

    남편이 시대착오적으로 무심하고 과묵한 효놈이라 집안일과 어른들에 대한 마음 씀, 아이 돌봄까지 전적으로 내 몫이 되었기에, 엄마는 나에게 점점 의지하기 어렵게 되었다. 10년 전 모녀 사이를 파국으로 이끌 뻔한 독설 이후로 엄마와 나의 거리는 충분히 멀어진 채 끈끈함을 잃었다. 출산과 육아로 정신이 피폐해진 나는 엄마로부터 정신병원에 가 보라는 소리를 들을 정도로 분노에 차서 몇 해를 보냈다. 내가 아이를 어린이집에 보내고 병원에 가서 약을 받아와도 엄마는 나를 안타까워하지는 않았다. 별나고 예민하고 성질이 더러우니 아이 키우기가 힘든 것이 당연하겠지, 하는 느낌으로 오히려 나 때문에 힘들 사위를 걱정했다. 예전처럼 엄마 넋두리에 귀 기울여 공감하지 않고, 대뜸 화부터 내는 나를 불편해했다.

나는 엄마가 시집살이와 남편에 대한 서운함을 쏟아내던 방식에서 몇 숟갈 더 얹어서(청출어람이라 했던가) 맹렬한 기세로 남편을 욕했다. 집안일과 육아를 당연히 분담하고, 아내에게 다정한 요즘 남편들과 비교하면 쓰레기라고 목청을 높였다. 딸이 젖먹이를 안고 이혼할까 봐 두려워진 엄마는 '그래도 별난 네 성격에 맞는 착한 남편'이라고 말하다가 나에게 욕을 먹었고, 나는 엄마 시절 남편들은 모두 나빴기에 오히려 괜찮았을 거라고, 내가 느끼는 분노의 절반도 엄마는 모른다고 역정을 냈다. 내 친구 남편들은 모두 내 남편보다 낫다고, 개차반 남편들밖에 없는 촌구석 아저씨들보다 아빠는 나쁠 것도 없지 않냐고 말하면 엄마는 별수 없다는 듯 입을 다물었다. 남편에게 불만이 많기도 했지만, 실은 엄마·아빠에게 화가 나서 자리에 없는 남편과 시가 욕을 주야장천 해 댄 거였다.

남동생이 좋은 짝을 만나 결혼하고 몇 개월 차이로 각자 딸아이를 낳으면서 우리 집에는 보기 드문 평온의 시대가 찾아왔다. 집의 평화는 엄마의 기분에 좌우되므로 아들이 딸보다 행복하게 살자, 슬플 일이 없는 모양이었다. 참고로 엄마는 아들이 힘들게 살 때 딸이 잘 사는 것처럼 보이자, 피눈물이 난다고 선언한 바 있었다. 엄마는 조금쯤 딸이 불행해야 마음을 쓰며 따스한 관심을 보였다. 자기 연민이 강한 사람은 본인보다 행복한 사람과는 이야기도 나누지 못하는 법이니까. 아이를 낳고 나면 나를 낳아준 엄마에게 더 감사한다는 해맑은 일반론이 나를 비껴가자 속절없이 울화가 치밀었다. 체질적으로 다정한 말과 따스한 눈빛만을 내주는 엄마(이런 엄마 이미지도 지긋지긋하다)는 될 수 없었지만, 작디작은 내 아기를 대신해서라면 죽을 수도 있었다. 아이가 나의 유일한 사랑이 되자 '엄마도 이렇게 나를 사랑했구나'라고 느끼는 대신 '엄마는 대체 나에게 왜 이렇게 못하는 걸까'라는 원망이 깊어졌다.

*

오래전 중학교 2학년 봄날 저녁, 나는 엄마가 아기에게 하듯 내밀어 준 검지를 붙잡고 하나로마트에 들어갔다. 마트에는 사고 싶은 간식들이 즐비했다. 후레쉬베리, 오예스, 마가렛트, 치토스, 포카칩, 빼빼로, 프링글스…. 셋이 나눠 먹어야 하고 그조차 자주 먹지는 못하는 과자들을 지나쳐 저녁 찬거리를 사서 나왔다. 매번 의연하게 마트를 벗어났지만, 그날따라 그런 내 모습이 서글펐다.

"엄마, 엄마는 왜 애를 셋이나 낳았어? 우리는 돈도 없는데, 나만 있었으면, 하고 싶은 것도 마음대로 할 수 있고 힘들지도 않았을 텐데."

한 손에 비닐봉지를 들고 나를 빤히 보는 엄마의 눈이 슬퍼졌다. 좀 더 씩씩한 목소리를 내서 말했다.

"나는 결혼 안 할 거야. 애도 안 낳고 내 마음대로 살래."

"니가 전문직 여자가 되면 안 해도 되지, 결혼."

엄마에게 상처를 준 것 같아 더 이상 말을 잇지 않았다. 6학년 때 그만둔 피아노 학원을 계속 다니고 싶었고, 나보다 공부 못하는 애가 열심히 다니는 종합반 학원에도 다니고 싶었다. 내 방과 내 옷장을 갖고 싶었고, 친구들만큼 용돈을 받고 싶었지만, 투정을 부릴 여유는 없었다.

어른이 되고 나서야 우리 집에 외동딸 같은 존재는 불가능했다는 걸 깨달았다. 엄마는 아들을 낳지 않고 이 집에서 살아남을 수 없었을 것이다. 엄마의 아빠는 시부모보다 못한 존재였으니, 혼자 도망가서 살 만큼 독하지 않은 엄마는 남아서 자식을 더 낳고 살 수밖에 없었다. 이렇게 내가 집안 사정을 이해했다고 해서 어린 시절의 한이 풀리는 건 아니었지만, 엄마의 처지를 이해하는 편이 엄마를 미워하는 딸이 되기보다 쉬웠다. 엄마도 저 대화를 기억하고 있었다. 엄마는 '내가 외동이면 좋았겠다'라고 말한 나에게 서운했다고 말했다. 동생들도 있는데 어떻게 그런 말을 할 수가 있나 싶었다고. 아? 그러면 딸의 입장은 전혀 관심이 없었단 말이구나. 평소에 말 잘 듣는 큰딸이 왜 그런 말을 했는지 물어보거나 마음을 헤아리려는 시도는 하지 않았구나. 그저 '욕심 많고 별스러운 큰딸'로 나를 정의 내리고 말았구나.

    엄마는 어린 시절 우리가 하고 싶은 대로 못하고 없이 자란 것을 안타까워하지만, 비슷한 상황에서도 나는 별난 딸, 아들은 언제까지나 짠한 막내로 해석했다. 그건 매사 틱틱대고 성을 내는 나와는 달리 착한 말로 엄마 속을 풀어주는 아들의 언행 때문이기도 하지만, 그런 차이 역시 아들만을 향한 엄마의 애정 필터가 작용해서 만들어졌다. 이를테면 이런 일. 중학생 때 급성장기를 겪으며 성장통으로 울기도 했던 아들을 데리고 고깃집에 갔는데, 어찌나 급하게 먹어대던지 고기 다 익기가 무서웠다고. 고기를 불판에 올려놓자마자 '어머니, 고기 언제 다 익어요?' 하며 허겁지겁 먹는 아들이 안타깝고 짠했다는 이야기. 성장기 남자애들이 소처럼 먹어댄다는 건 주지의 사실이지만, 그게 그렇게 짠할 일인가? 나랑 여동생은 고깃집에 데려가지도 않았다는 건 짠할 일이 아닌가?

원효서

※

　응급 제왕절개 수술로 태어난 아이가 신생아집중치료실에 들어가고, 나는 생전 처음 겪는 뜨거운 통증으로 밤을 지새웠다. 아플 때 누르라는 진통제 투여 버튼을 여러 번 눌러 구토까지 하는 바람에 더러워진 원피스 환자복에서 시큼한 냄새가 났다. 자리에서 일어나야 옷을 갈아입을 수 있어 영원처럼 느껴지는 5분, 10분 간격으로 침대에서 몸을 일으켰다. 엄마의 도움으로 옷을 갈아입고 화장실에도 같이 들어갔다. 20년 동안 익숙한 생리였지만 출산 직후 몸에서 나오는 분비물은 비리고 역겨운 냄새를 풍겼다. 허리를 숙일 수 없는 나를 대신해 엄마가 패드를 갈았다. 부끄럽고 미안했다.

　"엄마, 냄새나고 더럽다, 그렇지?"

　"딸인데 더럽기는."

　엄마는 괜찮다고 말했지만, 내가 괜찮지 않았다. 엄마에게 몸을 기대어 내맡길 수 없었다. 면회 시간이 되어 니큐(Neonatal Intensive Care Unit: 신생아집중치료실)에 있는 아기를 보았을 때 눈물이 펑펑 쏟아졌다. 병원 복도에서 시어머니가 "애 낳고 많이 울면 눈 짓무른다. 울지 마라" 했던 건 또렷하게 기억난다. 1.83kg인 아기의 손발이 유난히 크고 길어 남편이 "발 보니까 정말 너 닮았더라" 한 것도. 엄마는 무슨 말을 하지 않았던가? 아마 겁이 많은 엄마는 걱정과 불안에 휩싸여 별말을 할 수 없었으리라.

　매일 1시부터 30분간 아기 면회 시간. 유축기로 짜낸 몇 방울 안 되는 초유를 보랭 가방에 넣어 엄마와 택시를 타고 병원에 오갔다. 내가 아기를 보며 눈물을 짜는 동안 엄마는 병원 복도에서 기다렸다. 너무 작게 태어나 호흡기와 온갖 호스를 달고 있는 아기, 호흡기를 떼고 황달 치료를 받는 아기, 커다란 기저귀를 입고 잠만 자는 아기를 보고 나오면 엄마와 나는 할 말이 별로 없었다. 끔찍한 젖몸살에 마사지 선생님을 집으로 불러 전신 마사지를 받고 시간 맞춰 유축기로 젖을 짰다. 아기가 직접 빨지 않아 그런지 젖은 도무지 늘지 않았고, 젖병을 내려다보느라 목이 지독히 아팠다. 아이가 잘 먹으니 걱정하지 말라는 신생아실 의사의 말을 듣고 나는 엄마와 네일숍에 갔다. 엄마와 나란히 앉아 발톱에 매니큐어를 칠하면서 '내가 지금 이러고 있는 게 맞나?' 하는 의문이 들었지만, 무료한 엄마가 아기 걱정을 잠깐이라도 하지 않도록 하고 싶었다. 새벽에는 기어다니는 아기가 차에 치여 죽는 꿈을 꾸었지만, 아무에게도 말하지 못했다. 아이가 작게 태어난 게 내 탓 같아서, 일찍 태어난 아이를 위한 정보를 찾는 일도, 속상한 마음을 챙기는 일도 나 혼자 해야 할 일 같았다. 남편과 엄마는 걱정 말라는 말로 나를 위로했지만, 귀에 들어오지 않았다.

　하루는 엄마가 증명사진이 필요하다기에 병원에서 돌아

오는 길에 함께 사진관에 갔다가 집까지 걸었다. 다리 수술 후로 걸음이 느려진 엄마였지만, 나보다는 빨리 잘 걸었다. 나란히 손을 잡고 걷는 사이는 아니었지만, 앞서 걷는 엄마가 그렇게 야속한 때가 없었다. 길거리에 사람이 많았는데도 큰소리로 엄마를 나무랐다. "무슨 바쁜 일 있어? 왜 그렇게 빨리 걸어?" 엄마는 무안해진 얼굴로 멈춰 섰고, 나는 아픈 배를 움켜잡고 성난 얼굴로 걸었다.

엄마는 시골에 갔다가 아이가 퇴원하던 날 다시 우리 집으로 왔다. 산후 도우미 선생님이 왔고, 2kg인 아기는 분유(유축기로 젖 짜는 거지깽깽이 같은 일은 일찌감치 집어치웠다) 먹는 시간 외에 잠만 잤기 때문에, 엄마는 특별히 할 일이 없었다. 엄마도 나도 '친정엄마가 산후조리를 돕는다'라는 관습적 사고에서 벗어나지 못했기 때문에 서로에게 서로가 필요한지를 먼저 고려하지 못했다. 작고 약한 아기를 쉽게 안아 드는 사람은 도우미 선생님뿐이었다. 도우미 선생님이 오지 못한 아기의 안과 검진 날, 엄마와 내가 함께 병원에 갔고 그 후에 엄마는 시골에 돌아갔다. 엄마가 가고 도우미 선생님과 아기를 돌볼 때, 나는 아이를 낳고 처음으로 편안한 기분을 느꼈다.

가슴을 졸이게 했던 아기가 쑥쑥 잘 자라 평범한 신생아의 모습이 되었을 때쯤 나는 걸을 때마다 내 다리가 너무 후들거린다는 사실을 깨달았다. 매일 병원에 다니고, 이른둥이 정보를 찾느라 잠을 이루지 못해 몸이 성치 못한 거였다. 내 고생을 알아주는 이가 없다는 생각에 슬쩍 악에 받친 기분으로 유명하다는 한의원에 찾아갔다. 산부인과 의사가 지적한 대로 노산에 초산에 조산으로 아이를 낳은 내가 건강할 리 없었지만, 연약한 아기만 염려할 뿐 누구 하나 나를 걱정하지 않았다.

비싼 한약을 지어왔다. 몸에 좋은지 어떤지는 알 수 없었지만 기를 쓰고 챙겨 먹었다. 임신했다는 소식을 듣고 울먹이던 시어머니나 날아갈 듯하다며 감격하던 엄마나 다 똑같았다. 그저 애 잘 돌보라는 소리만 할 뿐. 엄마는 몇 해가 지난 후에 뜬금없이 "내가 니 애 낳고 한약 한 제를 못 해줬네"라고 말했지만, 순간의 감상이었는지 무언가를 더 해주지는 않았다.

아이가 말을 시작했을 때, 귀여운 목소리와 오물거리는 입술에 온 가족이 반해버렸다. 미디어 노출이 이른 요즘 아이들이 다 비슷한 상황이겠지만, 경상도 억양이 하나도 없는 "엄마, 이거 뭐야?" 하는 깜찍한 말투에 모두가 꺅꺅 환호했다. 무뚝뚝한 말투에 자주 큰소리치는 내가 키워낸 아이 같지 않았다. 내가 대가족 안에서 할머니의 사투리를 배웠듯이, 내 아이는 영유아 미디어와 어린이집 선생님의 보드라운 서울말 억양을 익힌 걸까. 아이가 몇 마디 말을 하자 엄마는 감탄 끝에 진심 어린 질문을 했다.

"누구를 닮아서 말을 이렇게 예쁘게 하지? 엄마 닮지는 않앉을 거고, 이모가 말을 예쁘게 해서 그런가? 이모가 많이 놀아 주니까?"

"요새 애들은 다 이렇게 말해" 하고 말았지만 서운했다. 아무리 무뚝뚝한 나라도 아이 엄마로서 재주껏 다정하고 부드럽게 말하려고 노력했다. 온종일 붙어 있는 내 말을 배우지 않으면 어디서 말을 배운단 말인가? 내가 자기한테 싹수없이 말하기로서니, 내 새끼한테도 엉망으로 말할까?

엄마가 내 딸을 예뻐할 때마다 속이 뒤틀린다. 딸들한테 치대는 것도 모자라 손녀에게까지 사랑과 관심을 갈구할 때면 신경질이 난다. 사랑을 베푸는 것이 아닌, 아이에게 사랑받고 싶어 안달 난 모습이 밉살스럽다. 나 어릴 적에는 그토록 짜증을 내고 티 쪼가리 하나 시원스레 사주지 않았으면서 손녀에게는 뭐든지 다 사주려 하는 엄마에게 버럭버럭 화를 낸다. 내가 울 때마다 "엄마라도 죽었냐? 울지 마라!"하고 소리를 질러 겁먹게 하던 엄마가 나에게 "웬만하면 어린애 울리지 마라. 해달라는 대로 해 줘라" 할 때면 당장 자리를 박차고 뛰어나가고 싶다. 아이가 영특한 말을 하면 "누구 딸인데 아무럼 똑똑하지" 하고 나를 추켜세우는 엄마에게 "어릴 때 똑똑하다고 난리 치다가 아무 데나 시집 못 보내서 안달 났던 주제에"라며 쏘아붙이고 싶은 말을 삼킨다. 아이가 할머니와 문자 메시지를 주고받고 영상통화를 하면 억지로라도 무심해지려 뒤로 물러난다.

*

내가 왜 엄마의 고통을 나눠야 했던가? 내가 왜 알아야 했던가? 백번 양보해 듣기만 하면 되었지, 왜 답 없는 문제의 해결책을 찾고 불안에 떨어야 했던가? 엄마가 어디 가서 말하지 말라고 했던 일들, 삼촌이 폭력 전과자인 것, 그 삼촌 때문에 시골집에 CCTV를 단 것, 일일이 설명하기도 귀찮은 고모들의 가정사까지 부끄러운 집안 이야기라고 말한 사연들 말이다. 그게 왜 나에게 수치란 말인가? 이 모든 난리부르스와 허접한 뒷바라지에도 불구하고 잘 자란 큰딸은 자랑거리 아닌가? 고마워해야 하지 않을까? 왜 내가 가장 잘한 일은 '귀여운 아이를 낳은 일'이고, 남동생이 제일 잘한 일은 '살면서 이룬 모든 것'인가? 지난 주말 엄마의 붙박이장 정리를 도우러 갔다가 또 부글부글 역정이 났다. 그 잘난 아들이 이번 연휴에 올지 말지 직접 물어보지도 못하는 엄마가 나에게 남동생 안부를 물었기 때문이다.

손녀를 데려가서 종일 웃게 해주고, 옷장을 나르고 낡은 옷을 버려주고, 온갖 쓸데없는 동네 사람들 뒷담화를 들어주어도 나는 엄마를 활짝 웃게 할 수 없다. 엄마 마음에는 언제까지고 남동생 모양으로 구멍이 나 있고 그 커다란 구멍을 채우기에 나는 작고 보잘것없는 딸이니까.

자라서 무언가 특별한 것이 되고 싶다는 8살 내 딸의 얼굴을 빤히 볼 때면, 원하는 만큼 뒷받침해 주지 못하고 원망을 들을 훗날이 뻔히 보이는 듯해 가슴이 철렁한다. 적어도 마음으로 차별은 하지 않을 수 있어 다행이라고 하면 빤한 자기 위안일까.

백소현

나른한 책방지기. 만만한 사람이 되고자 합니다.

효가 아니면 또 어떤가

스물셋, 이른 나이에 국립대학교병원 정규직에 합격했다. 세상을 다 가진 기쁨, 앞날이 평탄할 거라는 기대는 아주 잠시였다. 꿈꾸던 일을 빨리 이루었지만, 그냥 돈은 많이 벌지만, 시간은 없는 직장인에 불과했다. 막상 그토록 바라던 꿈을 이뤘는데 그 다음엔 무엇을 해야 할지 몰랐다. 나는 자연스럽게 '살 빼는 일'에 몰두했다. 살을 빼는 일 외에 하고 싶은 일이라거나 되고 싶은 것은 없었다. 그렇게 나는 20대의 대부분을 일과 운동을 하며 보냈다.

엄마와 이모, 이 두 사람은 나를 만날 때마다 내 몸을 위에서부터 아래로 훑었다. 외모를 평가받는 시간이다. 나를 세상 제일 한심한 사람으로 보는 그 눈빛을 아직도 잊을 수가 없다. "살이 더 쪘노", "옷이 그런 거밖에 없나?", "머리는 왜 그렇게 하고 다니노?" 만나자마자 쏟아지는 적나라한 외모 평가에 하루 종일 주눅이 들었다. 빨리 그들과 분리되어 집에 가고 싶었다.

어쩌다가 그 소리를 듣기 싫어 살을 열심히 빼고 만난 날에는 "니 요즘 살 빠졌네"라며 조금 더 빼보라며 격려를 했다. 그래서 나는 그들을 만나기로 한 날이 다가올 때면 나의 몸매 상태를 점검할 수밖에 없었고 스트레스를 많이 받았다. 스트레스를 받으면 통닭과 맥주를 먹으며 스트레스를 잠시 잊었고 바지가 들어가지 않았으며 그들의 경멸하는 눈빛과 또 마주해야 했다. 백화점에 가서 맞는 옷이 없기 때문에 옷을 사주고 싶어도 사줄 수가 없고, 나와 다니기가 창피하다고 하니 나는 내가 창피한 존재인 줄 알았다. 한 명한테 듣는 것도 서러웠는데 자매가 번갈아 그러니 견디기 힘들었다. 몸이 뚱뚱한 사람은 삶을 영위해서는 안 되는 건가라는 생각까지 하게 되었다.

사회 초년생에게 회사 생활은 녹록지 않았다. 학교에서 배우긴 했지만, 이론과 실전은 많이 달랐고 아픈 환자들을 대하는 일은 만만한 일이 아니었다. 머리로는 아픈 사람이라고 생각되지만, 눈앞에서 소리 지르고 화내는 환자들을 대하다 보면 마음 다스리는 일이 쉽지 않았다. 동료들과 별다른 문제 없이 잘 지내는 일도 쉬운 게 아니었고, 상사들과 일하는 것도 여간 눈치가 보이는 게 아니었다. 튀지 않는 무난한 사람이 되어야겠다는 생각에 이르렀다. 힘들었던 주중 병원 출근날이 지나가고 주말이 오면 늦잠을 자는 것이 유일한 낙이었다. 자취방에서 아무도 깨우지 않고 오후 3시까지 자고 일어나면 개운했다. 월요일부터 치러질 전쟁의 준비였을지도 모르겠다.

하루는 자취방에서 늦잠을 자고 있는데 엄마와 이모가 연락도 없이 찾아왔다. 초인종도 누르지 않고 바로 비밀번호를 누르고 들어왔다. 나를 깨워서 등산을 가자고 했고 나는 잠결에 주섬주섬 산에 갈 복장으로 갈아입었다. 우리는 앞산으로 갔다(앞산은 집 앞의 산이 아니고 대구에 있는 실제 산 이름이다). 앞산 주차장에 도착할 때까지도 잠이 깨지 않은 나는 그때부터 짜증이 나기 시작했다.

잠결에 그들을 따라 산을 터벅터벅 올라가다가 중간쯤 올라갔는데 너무 졸리고, 황금 같은 휴일을 왜 내 마음대로 쓰지 못하는가에 대한 서러움이 밀려왔다. 그 순간 산 중턱에서 등산객들이 왔다 갔다 하는데도 털썩 주저앉아서 대성통곡을 하기 시작했다.

"아, 짜증 나. 나는 더 자고 싶다고, 나 왜 데리고 온 거야. 올 거면 둘이서 오면 되지."

등산객들이 쳐다봤지만 개의치 않았다. 그들은 나의 삶을 빼겠다는 요량이었을 거다. 내가 날씬했다면 굳이 자는 나를 깨워서 이렇게 데려왔을까 하는 생각에 서러움은 더욱 밀려왔다. 엄마는 예상하지 못한 상황에 당황하고 미안한 기색이었고 이모는 "언니야. 딸 키우기 진짜 어렵겠다"라고 했다.

그렇게 나는 그들의 인형으로 20대를 보냈다. 그 시절의 사진을 볼 일이 있었는데, 사진을 보고 나는 깜짝 놀랐다. 모든 순간이 정말 찬란하게 눈부시도록 빛이 나고 있었다. 사진을 보는데 눈물이 주룩주룩 흘렀다. 나는 그때 사진을 볼 때마다 눈물이 너무 나서 20대 시절 사진을 찾아보지 않게 되었다. 그들이 살을 빼라고 하니까 나는 살을 빼야만 사람 취급을 받을 수 있다는 생각에 사로잡혀 살았는지도 모르겠다. 이렇게 나 빛나는 사람에게 그렇게 온갖 폭언과 막말을 퍼부었다니. 더 날씬해지기 위해 더 연예인과 가까운 사람이 되기 위해 살았던 사실이 부끄럽고 후회스럽다. 훗날 가스라이팅이라는 말이 널리 쓰이고 그 뜻을 알았을 때 내가 당한 것이 그것이로구나 하고 생각했다.

정용준 작가가 쓴 『밑줄과 생각』(정용준, 작가정신, 2025)이라는 책이 있다. 색각 이상을 겪는 사람이 온전하게 색을 볼 수 있는 안경을 끼고 난 후, 정말 세상에 이렇게 다양한 색이 있다는 말이야 하며 "리얼월드?"라고 했다는 내용이 등장한다.

진정 볼 수 없었던 것을 만난 경험. 나는 리얼월드를 만난

적 있었나. 곰곰이 생각해 보니 아이러니 하게도 박근혜의 대통령 당선이 나에게 리얼월드로의 진입을 선사했다.

당시 대선 토론회를 다 지켜봤는데 어떻게 저렇게 무식한 사람이 대통령이 될 수 있으며 사람들은 그를 왜 뽑아주는지 의문이 들었다. 그의 아버지 박정희라는 사람이 어떤 사람인지 궁금했다. 그때부터 정치, 역사책을 시작으로 여러 장르의 책을 읽기 시작했고 리얼월드를 만나게 되었다.

책 중에서도 페미니즘 책을 만난 것은 또 다른 리얼월드를 만나게 해주었다. 페미니즘 책을 읽고 뚱뚱한 내가 문제가 아니라 뚱뚱하다고 말하고 온갖 폭언으로 살 빼기를 강요하는 엄마와 이모가 문제라는 것을 깨달았다. 뭔가 답답하고 억울하고 속이 상하는 지점들의 퍼즐이 한 조각씩 맞춰졌고 명명할 수 없는 내가 느낀 것들을 문장으로 정확히 표현되어 있었다. '대상화'라는 말을 처음 알았을 땐 내가 당한 수모를 찰떡같이 표현하는 말이라 생각했다. 페미니즘을 만나고 더 이상 연예인 같은 몸매와 얼굴을 기준으로 그것과 가깝게 되려고 발버둥 치지 않아도 되어서 좋았다. 해방감이 느껴졌다. 화장도 안 해도 되고 옷도 맘대로 입고 숏컷머리도 하고 더 이상 살 뺀다고 헬스장에 가지 않아서 좋았다.

책으로 만난 저자들은 주관이 뚜렷하고 근사한 사람들이었다. 퇴사를 하고, 여행도 자유롭게 다니고, 하고 싶은 일에 일단 "도전!"을 외쳤고, 살을 빼란다고 살만 빼고 있는 나와는 완전히 다른 사람들이었다. 그렇게 읽은 책들이 책장에 한 권 한 권 쌓일 때마다 나는 변해갔다.

그렇게 살 빼기에 혈안이 되어 있던 나에서 책을 좋아하는 나로 변하고 어느덧 병원에서 일한 지도 10년이 다 되어 갔다. 책을 읽으면서 나는 내가 어떤 사람인지 차츰 알게 되었다. 나는 세상에 나를 맞춰서 사는 현명한 사람이 아니라 세상을 나에 맞추려고 하는 어리석은 사람이라는 사실을 알았다. 그리고 엄청 진지하고 예민하다는 것도 알았다. 남들이 의미를 부여하지 않고 사소하게 생각되는 일들을 나는 큰 의미를 부여하고 분노하는 데 에너지를 쓰는 사람이었다. 그렇게 나를 알아가면서 나는 나에 대해 쉽게 단정하는 사람은 신뢰하지 않게 되었다.

책으로 세상을 알아가자 하고 싶은 게 많아졌다. 비건 식당도 차려보고 싶고, 책방도 차려보고 싶고, 국회의원도 하고 싶었다. 글도 써보고 싶었고 다큐멘터리 감독도 돼보고 싶었다. 책을 읽을수록 하고 싶은 것들이 밀려왔다. 일이 끝나는 저녁과 주말마다 해소되지 않은 '하고 싶은 것들'을 하기 위해서 책도 부지런히 읽고 집회도 가고 정당 활동도 했다. 8주짜리 다큐멘터리 만들기 과정도 들어보고, 10주짜리 글쓰기 강연도 듣고 글도 쓰고 합평도 했다. 그리고 주말마다 서울에 올라가서 진보정당에서 운영하는 정치 아카데미 수업까지 들었다.

다른 분야에서 일하는 사람을 만나고 자신의 생각을 표현하는 창작물을 만드는 사람들을 만나고 이것저것 배워나가면 나갈수록 회사에 다니는 것은 시시해졌다. 퇴사에 대한 진지한 고민이 시작되었다.

하고 싶은 것들이 많은데 나이 60이 될 때까지 다니려고 생각하면 막막했다. 그렇다고 멋있게 사표를 내고 하고 싶은 것들을 하나씩 해나갈 용기는 도저히 나지 않았다. 어쩌다 용기가 생겨서 퇴사를 해볼지 생각했다가도 최종적으로 부모님께 말을 꺼내야 한다는 사실을 깨달았을 땐 모든 게 원점으로 돌아와 버렸다. 그날까지 살면서 부모님 말에 반항을 해본 적이 거의 없어서 부모님의 말을 거스른다는 것을 상상도 할 수 없었다.

엄마는 내가 책을 맨날 읽더니 노동조합에 가입도 하고 SNS에는 집회 사진도 보이고 정당 활동도 하는 것 같으니 불안하셨는지 가끔 이런 말을 하셨다. "주말에 서울 올라가서 데모를 해도 뭘 해도 좋으니까 직장만 그만두지 말고 정년까지만 다녀라. 제발. 니한테 바라는 건 그것뿐이다." 잊을만하면 하는 이 소리에 부담을 많이 느꼈고 들을 때마다 지겨웠다. 너무 지겨웠던 날에는 "엄마 내가 하고 싶은 일이 있으면 언제든 그만둘 수 있지, 지금은 내가 하고 싶은 게 없으니까 다니고 있는 거야"라고 말했는데 엄마는 화들짝 놀라며 "야가 무슨 소리 하노?"라고 되물었다. 엄마의 선택지에는 딸이 직장을 정년까지 잘 다니는 선택지 단 하나뿐이라는 사실이 늘 숨 막혔다.

퇴사에 대한 생각이 더욱 깊어질수록 병원에 다니는 일은 곤욕이었다. 병원에 너무 다니기 싫다는 생각이 머릿속을 가득 지배하는 날에는 새벽에 한 시간 단위로 잠에서 깼다. 병원을 그만두지도 못할 거면서 퇴사 생각으로만 가득 차서 쓸데없는 생각이라는 생각이 가득한 밤에는 아침까지 잠을 이루지 못했다. 그렇게 그만둘 용기는 못 낸 채 다니기 싫다는 생각에만 사로잡혀 살았다.

그때 마침 1년간 쉬면서 퇴사에 대해 고민할 시간이 주어졌다. 직장의 임단협 사항 중에 10년 일하면 1년 쉴 수 있는 안식년 제도가 있었다. 나는 이 제도가 있다는 사실을 알았을 때부터 그 10년이 오기만을 간절히 기다렸다. 아 이제 5년 남았네, 아 이제 3년 남았네, 하며 그 시간이 다가올수록 기분 좋은 마음이 생겨서 그 힘으로 직장 생활을 버틸 수 있었는지도 모르겠다.

애초 안식년 계획은 산티아고 순례길을 걷고 생각을 정리하는 것이었는데, 당시 코로나19가 전 세계를 휩쓸었고, 그 계획은 물 건너가 버렸다. 그래서 평소 못 해봤던 알람 소리 설정 안 해놓고 잘 수 있을 때까지 자보기, 책 읽기, 지방선거 출마 준비, 책방을 차리게 되면 팔 비건 디저트 배우기 등을 하며 휴직 기간을 보냈다. 그리고 퇴사에 대한 고민을 1년 동안 진지하게 해보기로 했다.

1년 동안 수만 번 생각했다. 퇴사해도 괜찮을까. 적은 돈으로 살 수 있을까. 휴직을 하고 여유롭게 생각해 보니 생각이 더욱 뚜렷해졌다. 자신감도 생겼다. 적게 벌고 적게 쓰고 하고 싶은 거 해보고 사는 게 나답게 사는 것이란 결론에 도달했다. 한 번뿐인 인생인데 그렇게 사는 게 맞다고 생각했다. 무엇보다 나는 돈 벌려고 세상에 태어나지 않았다는 것이 제일 중요했다.

그런데 엄마에게 이 결정을 말하려니 쉽게 입이 떨어지지 않았다. 1년 가까이 말하기를 미뤘다. 매일매일 주제는 같은데 결론은 다른 꿈을 꿨다. 꿈에서 엄마에게 퇴사를 통보하면 어떤 날에는 "사랑하는 우리 딸 너의 결정을 응원해. 얼마나 마음고생이 심했니. 너의 인생인데 꿈을 마음껏 펼쳐 보렴"이라고 한 날도 있었고, "뭐라고? 퇴사한다고? 내가 너를 어떻게 키웠는데" 하며 화가 난 엄마가 꿈에 나오는 날도 있었다. 최대한 미루다가 직장에 퇴사를 말해야 하는 전날까지 미루었다. 아무리 그래도 퇴사 후 통보하는 건 도리가 아니라 생각했다. 결전의 날, 미루기 끝판왕인 나는 그날도 하루 종일 전화를 언제 해야 할지 최대한 미루고 있었는데, 엄마에게서 전화가 왔다.

"김치 다 떨어졌제. 김치 갖다주러 갈게." 눈물이 와르륵 쏟아졌다. 김치에 대한 답은 하지 않고 다짜고짜 늘 준비했던 말을 했다. 오늘을 넘기면 안 된다.

"엄마 나 퇴사하고 책방 차릴 거야."

"책방 하면 얼마 벌 수 있는데?"

"안 해봐서 모르지. 나 엄마 생각 많이 해봤는데 한 달에 100만 원만 벌면 될 거 같아. 그 이상은 필요 없어. 병원 다니는 거 너무 힘들어 엄마. 나 그렇게 돈 많이 벌 필요 없어."

엄마는 올 것이 왔구나 생각했는지. 긴 한숨을 쉬었다.

그날 저녁 내가 동생 집에 조카들 보러 갈 거라고 했는데 저녁에 엄마가 동생 집에 찾아왔다. 그날 나는 죽을 때까지도 가지고 갈 비수가 꽂히는 말들을 들어야 했다.

나는 1년간 시뮬레이션을 거쳐서 엄마가 무슨 말을 하든 답변을 모두 준비해 두었다. 엄마는 울면서 나를 설득하기 시작했다.

나는 10년도 지난 이야기를 꺼냈다. 내가 졸업하자마자 비정규직으로 1년 힘들게 일해서 번 돈으로 유럽 여행을 가겠다고 했을 때, 엄마가 말렸잖아. 시집갈 돈 모아야 한다고. 나는 그 일을 아직까지 후회해. 그때 나는 돈이 없었더라도 빚을 내서라도 가야 했어. 이번엔 엄마 뜻대로 되지 않아. 1년간 잠

설쳐가며 고민했어. 이젠 엄마가 살라는 대로 살고 싶지 않아.

내가 남편도 없고 처자식도 없고 나 혼자니까 나만 먹여 살리면 되니까 걱정하지 말라고 했는데, 조카들한테 고모 노릇 좀 하라고 했다. 100만 원만 벌어서 어떻게 사느냐고 했다.

엄마는 내가 너무 완고하고 생각을 바꿀 기미가 전혀 없자, 그동안 하고 싶었는데 참았던 말들을 늘어놓았다.

"인간답게 좀 살아라! 고모 노릇 좀 하고 딸 노릇 좀 하고 살아라. 니가 불쌍하다. 옷을 거지같이 입고 다녀서 동생 가게에서 일하는 직원들이 볼까 봐 겁난다."

나는 답했다.

"억울하네. 내가 여기서 제일 인간답게 사는 거 같은데, 나는 하늘을 우러러 한 점 부끄러움이 없어."

엄마는 연을 끊자고 연락하지 말라고 했다. 이건 엄마가 자주 써먹는 클리셰라서 예상했고, 연을 끊을 각오도 했기 때문에 알았다고 하고 동생 집을 나와버렸다.

매일을 인간답게 사는 것이란 무엇인가를 고민하는 나에게 인간답게 살라고 하는 것은 좀 억울한 말이었다. 그날따라 아침부터 요가를 갔다가 그 상태로 하루 종일 바쁘게 다니다가 동생 집에서 씻어야지 하고 갔던 터라 내가 봐도 너무 꼬질꼬질해 보여서 어쩌면 오늘이 엄마를 보는 마지막 날이 될 수도 있는데 좀 잘 차려 입고 올 걸 후회가 됐다. 그리고 지방선거 나간다는 말도 못 꺼냈는데 어떡하지?

나는 드디어 퇴사를 했다. 국립대병원에 입사하는 것은 엄청 힘들었는데, 퇴사는 아주 간단했다. A4 2장에 쓰인 객관식으로 된 퇴사 이유 중 하나를 체크하고 사인만 하면 끝이었다. 엄마와는 그날 이후 2년 동안 연락하지 않고 지냈다. 지구에서 내 편이 없다는 생각에 외롭고 힘들었지만 자유를 얻은 대가라고 생각했다.

나는 보수의 성지 대구에서 진보정당 후보로 지방선거에 나가서 똑 떨어지고 책방을 차렸다. 엄마는 내가 지방선거에 나가는 사실을 KBS대구 뉴스에 나온 나를 보고 알게 되었다. 선거가 다가오는데, 거대 양당의 미루기로 인해서 선거구 획정이 되지 않아 어느 동네 유권자를 만나야 할지 모르겠다는 인터뷰 영상이었다. 엄마는 선거 당시 선거사무실에 찾아오셨다. 내가 거리에 선거운동을 나간 사이 다녀가셨다. 떡과 식혜와 참외를 30명은 나눠 먹어도 될 정도로 바리바리 싸 오셨다. 나는 그날 선거 운동하는 것도 너무 힘들고 엄마의 정성에 고맙고 미안해서 너무 눈물이 났지만 선거가 끝나고도 엄마에게 연락하지 않았다.

엄마와 연락이 닿은 것은 내가 수술을 앞둔 때였다. 난소에 혹이 발견되어서 제거하는 수술을 받게 되었는데, 동생에게 그 소식을 들은 엄마가 2년 만에 전화가 왔다. 엄마는 그렇게 연을 끊을 거면 아프면 안 되지라며 정말 하기 싫은 말이지만 꼭 해야 하는 말인 듯 오래 뜸을 들이고 로봇 같은 억양으로 말했다.

"너의 삶을 이해하기로 했다."

나는 3년 차 책방지기가 되었다. 애초에 엄마에게 책방을 차린다며 말한 한 달에 100만 원 버는 삶의 '100만 원'이 꿈의 매출이라는 사실을 깨닫게 되는 건 그리 오래 걸리지 않았다. 책방을 운영하는 시간이 늘어갈수록 알바 경험도 쌓여갔다. 마늘 공장에서도 일해보고 도시락도 싸고 어묵꽂이 알바, 대리운전알바. 아주 가끔 글을 써서 원고료도 받았다. 엄마는 내가 책을 팔아서 한 달에 100만 원은 남기는 줄 알고 알바를 하는지는 꿈에도 모른다. 책만 팔아서 먹고사는 것이 꿈이 되어 버렸다.

나는 좋은 사람이란 어떤 사람인지 명확히 정의하긴 힘들지만 좋은 사람을 좋아한다. 책방을 차리면 좋은 사람들을 많이 만날 수 있을거라 생각했다. 내 생각이 맞았다. 박연준 시인님이 책을 읽는 사람들은 좋은 사람들이라고 했다. 왜냐하면 남의 말을 공들여 들어주기 때문이라고 했다. 시인님의 말이 성립한다는 것을 나는 경험을 통해 확인했다. 내가 아직도 병원에서 일하고 있었더라면 못 만나봤을 많은 사람들. 작가님들, 독자님들, 출판사 대표님들.

내가 국립대병원을 때려치우고 책방을 차린 사실을 아는 사람들이 가끔 물어보는 말이 있다. 일을 그만둔 것을 후회하지 않느냐고. 나는 단 한 번도 후회한 적이 없다고 말한다. 더 일찍 그만두지 않은 것을 후회한다. 아직 일을 그만두지 않은 상태라면 분명 하루 대부분의 시간을, 일을 그만둘지 말지를 고민하며 보냈을 것이다.

직장에 다닐 때는 엄마에게 명절마다 생일마다 용돈도 드리고 맛있는 것도 사드렸는데 요즘은 용돈은커녕 같이 밥을 먹어도 엄마가 계산한다. 조카들에게는 용돈을 한 번도 준 적이 없고 가끔 그림책을 선물한다. 내 나름의 방식으로 조카들에게 사랑을 표현한다. 엄마가 생각하는 딸 노릇, 고모 노릇은 안 하고 있다.

효란 무엇인가에 대한 생각을 최근 진지하게 해봤다. 그런데 엄마가 원하는 딸 노릇, 고모 노릇을 하는 것이 효도하는 것이 과연 맞느냐는 생각이 들었다. 부모가 바란다고 퇴사를 안 하고 다니기 싫은 회사를 꾸역꾸역 다니는 일이 효도는 아니라고 생각한다. 바꾸어 말하면 자신이 무엇을 좋아하는지 알고 무엇을 할 때 행복한지를 발견하고 주체적인 삶을 살아가는 것이 더 효에 가깝지 않을까? 이런 삶이 효가 아니라고 한다면 그것 또한 뭐 어떤가.

『명랑한 유언』(구민정 오효정, 스위밍꿀, 2025)이라는 책이 있다. 두 명의 PD가 저자인데, 그중 한 명은 이미 암으로 세상을 떠났다. 세상을 떠난 오효정 PD가 남긴 글에 친구인 구민정 PD가 글을 마저 써서 나온 책인데 책을 펼치기도 전에 띠지의 글을 보고 한참을 울었다.

'누군가의 기대를 충족하며 살지 않아도 된다는 걸 명심해. 너의 삶은 너의 것일 뿐이야.' 먼저 삶을 마친 오효정 PD가 자신의 동생에게 남긴 유언이다.

누군가의 기대를 충족시키려 애썼던 지난날의 가여운 내 모습, 말 잘 듣고 효도하는 착한 딸은 이제 없다.

주리

30여 년의 효녀 생활을 그만둔 사람, 바이크를 타고 유유자적 돌아다니는 게 제일 행복한 사람. 대구에 사는 숲선생님.

불효가 약이다

90년대생, 수도권 출생, 장녀, 가난한 가정환경. 드라마나 영화에 자주 나올 법한 그런 흔한 서사를 가지고 태어났다. 조금 특별한 건 나의 부모는 다른 사람들과 차이가 있었다. 우리를 바라보는 사람들의 시선은 달랐다. 친척이든 남이든 부모에게 잘해야 한다는 말은 단골 멘트였고 배는 고팠지만, 눈칫밥을 잔뜩 먹어 배고프다고 말할 수 없었다. 시각장애가 있는 부모의 큰딸은 언제 어디서든 씩씩하게 가족을 돌봐야 하는 막중한 책임이 있었다.

"가난했어요"라는 말은 어린 시절의 나를 퉁치기에는 너무 단편적인 말이었다. 아파트 복도에 돗자리를 펴고 앉아 밤

하늘을 보며 시를 쓰던, 엄마 몰래 오락실에 가서 하루 종일 신나게 펌프를 하던 내가 있었다. 그냥 그저 그랬다.

얼마 전 동생과 어렸을 적 얘기를 하면서 다르게 기억하는 경험이 꽤 많다는 걸 알게 되었다. 집에 있으면 서로 때리고 큰 소리로 싸우는 일이 많았다. 그럴 때마다 경찰에 직접 신고했는데 동생은 전혀 기억나지 않는다고 했다. 생생하고 또렷한데 어떻게 모를 수가 있을까. 항상 소주병이 베란다에 쌓여 있었고 담배 연기가 자욱했다. 방 한 칸에 세 식구도 모자라 낯선 사람이 오기도 했다. 공통된 기억은 돈가스를 직접 만들어 먹었던 것밖에 없었다. 지금도 소중한 사람이 생기면 요리를 해주곤 한다. 엄마에게 받았던 사랑 방식이 몸에 뱄다. 엄마는 자주 집을 비웠고 언제 올지 몰라서 글을 쓰며 기다렸다. 엄마를 내가 지켜줬어야 했을까 후회하는 날이 많았다. 우리 자매가 가족 드라마를 보지 않는 건 다 엄마 때문이다. 맨날 사이 좋은 모녀가 나오니까, 우리에겐 등짝 스매싱을 날려줄, 반찬을 바리바리 싸 줄 엄마가 없으니까. 참 그것이 뭐라고 나랑 내 동생을 기죽게 했다. 그래도 밉지 않았다. 오히려 미안했다. 한 날은 술에 취한 엄마가 나와 동생에게 아빠한테 가버리라고 했다. 엄마에게 우리는 버거운 짐이 되는 듯했다. 초등학교 졸업과 함께 아빠가 살고 있는 경기도로 내려갔다.

낯선 곳에서 아빠와 새엄마, 나, 동생, 막냇삼촌 다섯 식구가 함께 살았다. 갈비 사주던 다정한 아빠는 사라졌다. 전교 9등까지 할 정도로 똑똑했지만, 의료사고로 시각장애인이 된 아빠. 짜장면, 신문, 우유 배달 등등 먹고 살기 위해서라면 뭐든 다 해봤다는 그 시대의 아빠들처럼 우리 아빠도 항상 나에게 '열심히'를 강조했다. 이젠 말하고 싶다. 아빠 나 이제 열심히 하기 싫다고.

항상 큰딸이라며 대놓고 편애했다. 그 말은 나를 자부심에 취하게 하기도, 무거운 돌덩어리처럼 온몸을 무겁게 하기도 했다. 쩌렁쩌렁한 목소리로 불러대는 그놈의 "큰딸!"은 아빠와 같이 산 이후로 제일 싫어하는 말이 되었다. 큰딸! 뒤엔 물 가져와라, 음식 가져와라, 끊임없는 요구가 이어졌다. 싫다고 하거나 짜증을 내면 아빠가 말하면 무조건 들어야 한다고 했다.

나름대로 공부를 잘해서 수학 경시대회에서 상을 탔다. 자랑하고 싶었다. 우울하고 지쳐있던 엄마는 잘했느냐고 말할 뿐이었다. 아빠는 다음엔 더 잘하라고 했다. 70점을 받으면 80점을 받으라고, 80점을 받아오면 90점을 바랐다. 어느 순간부터 아무것도 하기 싫어졌다. 스무 살이 되자마자 도망치듯 대구로 떠났다. 대학이라는 좋은 명분이 있었다. 특수교육을 전공한 건 부모의 영향이 컸다. 아무리 미운 부모라도 타인이 나의 부모를 차별하거나 동정하는 모습을 보면 부조리하다고 생각했다. 같이 다니고 있던 교회에서 예배드리고 점심을 먹는데 어느 한 아주머니가 지나가며 말했다.

"아이고 착하네, 부모님 잘 돌봐드리렴."

일면식도 없는 나에게 대뜸 말하곤 쌩 가버렸다. 같은 식탁에 아빠, 엄마와 나 사이엔 정적이 흘렀다. 그동안 아빠가 왜 사람 많은 곳을 싫어하는지 느낄 수 있었다.

대학에 입학했을 때 동기 중 장애인이 있는데 O.T나 M.T는 비장애인끼리 가는 것이 의문이었다. 기숙사에 왜 부모와 함께 생활하는 장애인 학생이 있는지도 이해할 수 없었다. 현실을 더 알고 싶고 직접 만나고 싶었다. 4학년 2학기에 자립생활 센터에 입사하고 인권 활동가가 되었다. 우리의 삶은 서로 연결되어 있다는 든든한 말을 믿고 활동하며 10년이 흘렀다.

「불효자는 웁니다」라는 노래의 가사는 대충 이렇다. 손발 터지도록 자식의 금의환향을 바라며 고생하신 어머니에게 읍소한다. 고생만하다가 먼저 가셨냐며, 그립다며, 죄송하다며 울부짖는다.

그리운 어머니, 어느 날 갑자기 세상을 떠났다. 아침에 경찰서에서 전화가 왔다. "어머니가 돌아가셨어요." 이유를 물어볼 수 없었다. 지금 생각하면, 열네 살한테 아무 설명도 없이 그렇게 말해야 했을까 싶다. 동생에게 검은 옷을 입으라고 얘기하고 이모들에게 엄마의 사망 소식을 알렸다. 나름대로 상주 노릇이랍시고. 장례를 어떻게 치렀는지 기억나진 않지만 텅 빈 장례식장이었다. 정말 초라하고 휑했다. 장례 식 내내 외가 식구들과 아빠는 신경전을 펼쳤고 아빠가 먼저 사망 신고한 것이 마음에 들지 않던 외할아버지는 급기야 사망 신고를 두 번 하기도 했다. 사망보험금이 어디로 갔냐는 말과 함께.

엄마 기일은 몰래 추모 공원에 가야 했다. 매년 가다가 올해부터는 가지 않는 대신 엄마가 좋아했던 물냉면을 먹기로 동생과 협의했다. 올해로 서른네 살, 엄마가 세상을 떠난 나이만큼 살게 되었으니 그래도 될 것 같았다. 엄마와 살았던 기억은 좋은 기억들로 미화된 순간이 많지만 힘들었다. 기초생활수급비는 먹고 살기 빠듯했다. 아마, 젊은 엄마는 너무 살기 힘들고 고달팠을 것 같다. 몰래 본 일기장엔 외롭다는 말이 참 많이 쓰여 있었다. 동생을 먼저 재우고 기다리는 일은 반복되는 일상이었다.

집에 있는 시간이 많아지면서 〈폭싹 속았수다〉를 정주행했다. 남들 다 울었다는데 마지막 화까지 눈물 한 방울 나지 않았다. SF 드라마였나? 저런 부모가 세상에 존재해? 라는 의문만 남을 뿐. 동생에게 물어봤다.

"너 〈폭싹 속았수다〉 봤냐?"
"그런 거 안 봐."

"왜?"

"가족 드라마니까."

잊고 있었다. 나도 사이좋은 가족 나오는 드라마·영화·노래는 다 피한다는 사실을, 세상에 금명이 엄마, 아빠는 없다고 소리치고 싶었다. 매일 술주정을 부리고 가족들을 챙기지 않는 학씨 아저씨가 더 친숙했다. 그리고 애순이랑 금명이가 부러웠다. 속에서 질투가 나서 그런 드라마가 싫었나 보다. 극중에 금명이가 처음 결혼을 결심했던 남자의 어머니가 금명이 집안을 보고 결혼을 반대한다. 그러면서 자기 아들에게 너는 내 자존심이자 인생이라 당부한다.

결국 결혼하지 못한 남자는 사랑하지 않는 사람과 결혼해서 방황하는 모습이 나온다. 내 부모에게 물어보고 싶다. 내가 행복해하는 것들이 뭔지 아시냐고. 내가 바이크를 타고 시속 100㎞를 달리는 짜릿함을 즐기는 멋진 여자라는 걸 아시냐고. 장애인의 권리 보장을 위한 집회에 가서 마이크를 잡고 할 말 다 해버리는 용감한 여자라는 걸 아시냐고. 하지만 또 작년부터 우울증 약과 수면제를 먹어야 겨우 잠이 드는 걸 아시냐고 말이다. 내가 만약 죽는다면 아마 깜짝 놀랄 사람들이 많을 것 같았다.

나도 내 부모가 뭘 좋아하는지 잘 모른다. 부모와 떨어져 대구에 산 지가 13년이 넘었다. 우리 집 고양이가 원가족보다 더 오래 산 셈이다. 근데 꼭 서로 잘 알아야 할까? 아빠는 자신의 진두지휘 아래 모두가 움직여야 만족하는 사람이었고, 시각장애가 있는 부모와 함께 산다는 것부터가 그 당시 나에겐 막막한 삶이었다. 내가 어떻게 해야 하는지 알려주는 사람은 없었고 요구사항은 많았다. 지긋지긋하게 싫었다. 대학교를 일부러 먼 지역, 가능하면 비수도권에 있는 학교들로 쓸 만큼 집을 떠나고 싶었다. 매일 야자 끝나고 집에 오면 아빠의 술주정을 견뎌야 했다. 좋게 좋게 넘어가지 않으면 어김없이 자정까지 싸웠다. 동생은 이미 10시부터 잠을 잤다. 나름의 회피 전략이었을지도. 학교에 있던 상담실을 찾아간 적이 있었다. 그때도 꽤 우울했던 것 같다. 손톱을 하도 물어뜯어서 피투성이였다. 온몸은 항상 긴장 상태였고 자주 어지러워 쓰러지곤 했다. 한 달에 한 번 하던 외식을 일주일에 한 번 할 정도로 물질적인 형편은 나아졌지만, 마음은 형편없어졌다.

　가족이 나오는 영화, 드라마가 싫어진 건 어쩌면 당연할지도 모른다. 사이좋은 가족을 보면 불편하다. 나에게 왜 저런 가족이 없을까? 왜 나는 아닐까? 많은 질문에 답해주는 이는 없었다. 나 자신도 답을 내릴 수 없었다. 그저 내가 이렇게 태어났으니까. 대구로 떠난 것도 불효일까.

주변 친한 친구들한테 우리 집 가훈을 말해주면 이런 말을 하곤 한다.

"강하게 키우셨구나."

'의지하지 말자'라는 가훈 아래 너무 강하게 자랐다. 속은 순두부처럼 건들면 금방이라도 갈라지고 깨지기 마련인데 겉모습은 단단한 사람이 되어야 했다. 대구라는 아무것도 없는 곳에 홀로 남겨진 느낌을 즐기기도 했다. 허한 마음에 사람들의 따뜻함이 조금씩 채워지니 대학 생활을 하면서 만난 이들이 나의 전부가 되었고, 뭐든 함께 하고 싶었다. 처음엔 동아리 선배, 동기였던 사람들이 졸업할 땐 사회 운동을 하는 동지들이 되어 있었다.

집과 멀어져도 항상 내가 큰 딸로서 무언가 해야 한다는 압박감은 없어지지 않았고 집에 갈 때마다, 명절마다, 돌아오는 생일마다 이벤트를 하거나 선물을 잘 챙겨드리는 것으로 조금이나마 가벼워지고 싶었다. 부모님 댁에 할머니가 같이 살게 된 이후로는 할머니한테도 잘해야 한다는 부담이 커졌다. 할머니에게 염색을 해드리고, 같이 화투를 치는 손녀가 되어 있었다. 시골인 전남 해남에서 일주일 동안 할머니의 삼시세끼를 차려드렸다. 내 마음 안에는 인정받고 싶은 욕구에 못 이겨 타인의 칭찬을 바라는 아이가 살고 있었다. 한번 칭찬해 주면, 모든 마음을 빼앗겨 버렸다. 부모를 만나면 더 괴로워서 견딜 수 없었다.

　오랜만에 집에 갔던 날 묵은김치가 어딨는지 찾지 못했다. 우리 집 냉장고는 3개. 그 안에 김치 통은 무려 8개. 그날 "이거 하나 못하냐? 멍청하게"라는 말을 들어야 했다. 직장에서는 나보다 나이가 많은 남성, 특히 목소리가 큰 사람에겐 기죽어서 싫다는 거절을 하기 어려웠고 말 한마디에 과민반응 하는 예민한 사람이 되었다.

　직장 상사 중 남성들과 갈등이 잦았다. 나를 무시하는 것 같은 느낌에 저항심이 생기곤 했다. 왜 똑같이 활동하는 사람인데 누군가는 뒤치다꺼리하는 역할만 하는 건지, 누군가를 돌보고 챙기는 건 나의 몫인지 불만스러웠다. 사람 만나는 일을 점점 피하고 싶었다. 조금씩 기운을 차릴 즘, 20대를 함께 보낸 언니가 세상을 떠났다. 엄마처럼 이유를 알 수 없었다. 남은 사람끼리 추측할 뿐. 아빠에게 전화해서 언니가 죽어서 힘들다고 했다. 스무 살 이후로 힘들다고 말한 건 처음이었다.

　연말을 가족과 시간을 보내고 싶었다. 동생, 제부, 조카들까지 일곱 명의 식구가 둥근 식탁에 앉아서 저녁 식사 준비를 했다. 아빠의 명령이 떨어졌다. "세 종류의 음식을 같은 시간에 배달 되도록 주문하라!" 미션을 완료하지 못하면 형편없는 사람이 될 것 같아서 식당마다 전화해서 5시까지 배달이 되도록 요청했다. 그 중 족발집이 예정된 시간보다 빨리 와버렸다. 이러면 안 되는데… 나는 발을 동동 구르며 아빠 표정을 살폈다.

또 다른 미션이 생겼다. 음식이 배달되는 것과 동시에 식사를 시작할 수 있도록 식탁을 준비를 마치라는 것. 여기서 준비는 어디까지 해야 할지 명확하지 않다. 아빠 마음에 들어야 한다. 그래야 "좋았어!" 한마디를 들을 수 있다.

아뿔싸. 미처 테이블 닦고 나서 수저를 놓지 못했다. 동생과 나는 분주하게 움직이고 있다. 이 모습을 조카가 다 보고 있다. 미션을 완료해서 멋진 이모가 되어야 하는데…. 겨우겨우 음식을 먹기 좋게 그릇에 정리하고 식사가 시작되었다. 또 다른 미션이 떨어지기 시작한다. 앞접시 가져와라. 술 가져와라. 가위로 잘라라. 양을 너무 적게 시켰다. 등등

머릿속이 점점 복잡해지기 시작한다. 음식이 코에 들어가는지 입에 넣는지 모르겠다. 아… 조카가 내 모습을 보고 있는게 너무 신경 쓰인다. 그러다 아빠가 한마디 툭 던진다.

"아가씨가 살이 그렇게 쪄서 되겠냐?"
울음이 터져 나올 것 같다. 허벅지를 꼬집는다.
"○○아~ 이모한테 살 빼세요 라고 해봐."
순간 소리를 질렀다.
"하지 마시라고요!!!"

폭발해 버렸다. 온 가족이 있는 식사 자리라 차마 자리를 박차지 못하고… 울면서 설거지하고 조카에게 갔다. 조카는 내게 "이모 괜찮아?"라고 물어본다. 또 눈물이 와르르 쏟아진다. 볼을 아무리 꼬집어도 멈추질 않는다. 결국 방에 들어가 대성통곡을 하고 말았다. 눈물범벅이 된 나에게 내가 잘못한 거냐며 화를 내는 아빠. 방 안에 들어가서 같이 고스톱 치지 않는다며 서운해하는 할머니. 방에서 "여보 그만해요" 만 반복하는 새엄마.

다음 날 첫차를 타고 대구에 내려왔고 그날 이후로 부모님 집에 가지 않았다. 모든 연락을 받지 않았다. 동생을 통해 당분간 연락하지 말라고 했다. 이래도 되나 매일 긴장되고 꿈을 자주 꿨다. 나의 불효는 전화 받지 않기부터 시작이었다.

불효 시작 일주일 지났을 때. 매일 부재중 전화는 2~3통. 고래 싸움에 새우 등 터지듯, 동생에게 언니가 왜 저러는지 추궁이 이어졌다. 동생은 언니가 아주 힘들어서 그런가 본다고 우물쭈물 변명하듯 얘기했지만, 전혀 납득할 수 없다는 반응이었다. 쉴 새 없이 울리는 전화가 무섭지만 직접 말을 해야 했다. 당분간 연락 안 하고 싶다, 나중에 연락하겠다고 말하기까지 심호흡을 수십 번 했다. 외근 후 사무실에 들어가니 동료가 아빠에게 전화가 왔다고 메모를 전해줬다. 일을 제대로 다니고 있는지 물어보기까지 했다. 먼저 결혼한 동생은 부모님의 입장을 대변하듯 그래도 연락은 하고 지내라고 했다. 아무랑도 말하고 싶지 않았다. 왠지 이렇게 가족과 연락 두절하는 것이 엄청난 죄를 지은 것 같았다. 그때 상담 선생님께 이런 말을 했다.

"집에서도 직장에서도 제가 큰 잘못을 하는 것 같아요."
"왜 잘못했다고 느껴져요? 아빠나 직장 상사가 얘기하면 꼭 그대로 해야 하나요?"
"아니요…."
"지금 주리씨는 잘하고 있어요. 혼자 대구에 와서 그동안 얼마나 힘들었겠어요. 스스로를 잘 토닥여줘요"

눈물이 또 와르르. 그날 이후로 항상 눈물 닦을 손수건을 챙겨 다닌다. 아침이면 침대에 손발이 묶인 것처럼 몸이 움직이질 않았다. 출근이 어려워지기 시작했다. 처음으로 정신건강의학과에 가서 검사를 했다. 약을 처방받고 먹기까지 1년이 넘게 걸렸다. 가슴을 치거나 소리를 지르면서 잠에서 깨는 일이 잦았다가 줄었다가 했다. 머리맡에 불안을 낮춰주고 안정되게 해주는 약을 항상 놔뒀다. 부적이라고 불렀다. 부적이 있어야 조금이나마 편해졌다.

부모와 연락 끊기 2년째, 이것 하나만으로 마음이 조금 가벼워졌다. 불효가 약이었다.

그러나 악몽은 계속 꾼다. 매일 아빠나 직장 상사가 야단을 치고 화내면서 깼다. 어느 날은 친척들을 데리고 내 집에 쳐들어오는 꿈을 꿨다. 방 두 개, 거실 한 개 있는 집을 보며 이렇게 말했다. "30대나 되어서 집이 이게 뭐냐?" 나는 꿈에서도 혼나고 있었다. 30대에 근사한 집에 살지 않는 것, 바이크 타는 걸 말하지 않는 것, 부모 집에 가지 않는 것. 그들 입장에서 나는 불효투성이다. 자랑할 불효가 너무 많다.

주변 언니들에게 지금까지 저질렀던 가장 큰 불효가 뭔지 물어봤다. 엄마가 지어준 한약 몰래 버린 것, 거짓말하고 콘서트 간 것, 아빠한테 짜증 낸 것, 몸에 타투 한 것 등. 눈을 동그랗게 치켜뜨면서 그게 진짜 불효냐고 물어봤다. 내가 제일 착한 사람인 줄 알았는데, 나보다 더 착한 사람들이었다. 내가 제일 효녀인 줄 알았는데… 실망감(?)이 컸다. 저게 정말 불효라고 생각하는 걸까. 이로써 내가 제일 불효꾼이라는 것이 입증된 것 같아 의기양양해졌다. 애석하게도 이 글을 마감하는 날 기준, 내일은 어버이날이다. 그간의 시간보다 더 멋진 불효를 할 수 있을 것만 같다.

내일은 정말 나를 위한 시간을 보내야지. 맛있는 걸 실컷 먹고 좋아하는 사람들과 술도 마실 테다. 추석에는 산에 가거나 라이딩을 하고 싶다. 설날엔 나른한 책방에서 청소년들과 뜨개 모임을 했다. 언젠가 조카들과 뜨개질하는 상상을 하며 재밌었다.

    나에게 주어진 쉬는 시간에 충실히 하고 있다. 유아숲지도사 자격증도 도전해 보고, 장애 아동과 하는 숲 체험을 기획해 보고, 또 이렇게 불효를 자랑하고 있으니 얼마나 열심히 사는 삶인 걸까. 글을 쓰고 동생에게 한번 읽어달라고 했더니 눈물 흘리는 사진을 보내왔다. 우는 동생을 웃으며 놀렸다. 불효꾼은 웃고 있는데 네가 왜 우냐며. 세상의 모든 불효꾼들이 울지 말고, 웃었으면 좋겠다.

전국불효자랑

초판 1쇄 발행	2025년 6월 30일
2쇄 발행	2025년 7월 10일
지은이	김계피, 김성호, 단, 민정, 백범, 백소현, 신유보, 연옥, 원효서, 주리, 진서하, 최열무, 희석
기획	진서하, 희석
편집·디자인	희석
표지 그림	Victor Gabriel Gilbert
펴낸곳	발코니
전자우편	heehee@balconybook.com
인스타그램	@balcony_book
ISBN	979-11-92159-20-1
정가	16,800원

· 독자님의 개인 리뷰 목적을 제외한, 도서 내용의 재사용
 (인용, 발췌, 복제 등)을 희망하실 경우 반드시 출판사 발코니와
 저자의 서면 동의를 받아야 합니다.